本书是广东省教育厅青年创新人才类项目"专业视域下广东省特殊教育教师专业发展需求评估研究"（2018WQNCX105）和岭南师范学院人才专项"大学生成就目标、心理资本、学习投入与学习收获的实证模型研究"（ZW1809）的成果之一。

区域特殊教育学校
教师专业化发展研究

杨洁◎著

人民日报出版社
北　京

图书在版编目（CIP）数据

区域特殊教育学校教师专业化发展研究／杨洁著
. —北京：人民日报出版社，2023.8
ISBN 978-7-5115-7960-7

Ⅰ. ①区… Ⅱ. ①杨… Ⅲ. ①特殊教育—师资培养—
研究—中国 Ⅳ. ①G76

中国国家版本馆 CIP 数据核字（2023）第 163780 号

书　　名：区域特殊教育学校教师专业化发展研究
　　　　　QUYU TESHU JIAOYU XUEXIAO JIAOSHI ZHUANYEHUA FAZHAN YANJIU
著　　者：杨　洁

出 版 人：刘华新
责任编辑：寇　诏
封面设计：人文在线

出版发行：人民日报出版社
社　　址：北京金台西路 2 号
邮政编码：100733
发行热线：（010）65369527　65369512　65369509　65369510
邮购热线：（010）65369530
编辑热线：（010）65363105
网　　址：www. peopledailypress. com
经　　销：新华书店
印　　刷：三河市龙大印装有限公司

开　　本：710mm×1000mm　　1/16
字　　数：171 千字
印　　张：11.5
印　　次：2023 年 8 月第 1 版　　2023 年 8 月第 1 次印刷

书　　号：ISBN 978-7-5115-7960-7
定　　价：58.00 元

目录 / Contents

第一章 导 论

第一节 研究背景与研究目标

特殊教育（简称特教）是教育的重要组成部分，是高质量教育体系不可或缺的重要内容。办好特殊教育，是促进社会公平的重要举措，也是社会文明进步的重要标志。发展特殊教育事业是推进教育公平、实现教育现代化的重要内容，是坚持以人为本理念、弘扬人道主义精神的重要举措，是保障和改善民生、加快建设教育强国的重要任务。特殊教育事业的发展离不开广大特殊教育教师的辛勤耕耘，全面提升特殊教育水平的关键是培养一支数量充足、结构合理、素质优良、富有爱心的专业化特殊教育教师队伍。特殊教育教师是指在特殊教育学校、普通中小学幼儿园及其他机构中专门对残疾学生履行教育教学职责的专门人员，是我国教师队伍不可或缺的一部分，也是提高我国特殊教育质量的关键。

《国家中长期教育改革和发展规划纲要（2010—2020 年）》（以下简称《纲要》）的颁布，为我国教育深化改革指明了方向，也对特殊教育教师质量提出了更高的要求。《纲要》明确地指出：完善特殊教育体系，健全特殊教育保障机制，加强特殊教育师资队伍建设①。为落实《纲要》要求，

---

① 国家中长期教育改革和发展规划纲要工作小组办公室：《国家中长期教育改革和发展规划纲要（2010—2020 年）》，http：//www. gov. cn/jrzg/2010-07/29/content_1667143. htm。

加快推进特殊教育发展，提升特殊教育水平，保障残疾人受教育的权利，2014 年 1 月 8 日，国务院办公厅转发了教育部、发展改革委、民政部、财政部、人力资源社会保障部、卫生计生委、中国残联等七部门联合制定的《特殊教育提升计划（2014—2016 年）》①。该计划将特殊教育教师队伍建设作为主要措施之一，并强调"扩大特殊教育教师培养规模，加大特殊教育教师培训力度，提高特殊教育教师的专业化水平"。在具体措施方面，该计划要求"完善教师管理制度"，各省（区、市）可结合地方实际出台特殊教育学校教职工编制标准；在经济待遇上，应该"全面落实国家规定的特殊教育津贴等特殊教育教师工资待遇倾斜政策"；在教师专业水平的建设上，制定特殊教育学校教师专业标准，逐步实行特殊教育教师持证上岗。此外，该计划还鼓励高校在师范类专业中开设特殊教育课程，并提出要加大国级教师培训计划中特殊教育教师培训的比重。这些政策的出台，有利于提升特殊教育发展水平，推动特殊教育事业进一步发展。

为进一步完善特殊教育教师队伍建设标准体系，引领特殊教育教师专业发展，提升特殊教育内涵发展水平，2015 年 8 月，教育部印发《特殊教育教师专业标准（试行）》②，从"基本理念、基本内容、实施意见"三个方面规定特殊教育教师的专业标准，为特殊教育教师的职前培养、职后培训、教师管理、专业发展等工作提供重要依据。在此基础上，教育部于2016 年 12 月发布盲校、聋校、培智学校义务教育课程标准③，首次专门为残疾学生制定系统的学习标准，从国家层面对特殊教育学校义务教育课程标准进行顶层设计，对于进一步提升特殊教育质量、办好特殊教育、促进教育公平，具有重要意义。经过第一期特殊教育提升计划的顺利实施，残疾人受教育机会不断扩大，残疾儿童少年义务教育普及水平明显提高；各

①国务院办公厅：《国务院办公厅关于转发教育部等部门特殊教育提升计划（2014—2016 年）的通知》，http：//www. moe. gov. cn/jyb_xxgk/moe_1777/moe_1778/201401/t20140120_162822. html。

②中华人民共和国教育部：《教育部关于印发〈特殊教育教师专业标准（试行）〉的通知》，http：//www. moe. gov. cn/srcsite/A10/s6991/201509/t20150901_204894. html。

③中华人民共和国教育部：《教育部关于发布实施〈盲校义务教育课程标准（2016 年版）〉〈聋校义务教育课程标准（2016 年版）〉〈培智学校义务教育课程标准（2016 年版）〉的通知》，http://www. moe. gov. cn/srcsite/A06/s3331/201612/t20161213_291722. html。

级政府通过加大财政投入力度，保障特殊教育发展；特殊教育教师队伍建设和课程教材建设取得显著成效，教育质量进一步提升。

为了巩固第一期特殊教育提升计划的成果，进一步提高特殊教育质量，2017 年 7 月，教育部等七部门联合印发《第二期特殊教育提升计划（2017—2020 年）》①。该计划指出，特殊教育条件保障机制还不够完善，教师队伍数量不足、待遇偏低、专业水平有待提高，致力于"建立一支数量充足、结构合理、素质优良、富有爱心的特教教师队伍"。具体措施上，要"支持师范类院校和其他高校扩大特殊教育专业招生规模，提高培养质量"；从培养力度、公费培养、定向培养等方面入手，提高师范生数量；在待遇方面，要落实并完善特殊教育津贴等工资倾斜政策，要为教师提供良好的工作和生活环境，关心其身心健康。以上政策十分具体，彰显对特殊教育事业和教师队伍建设的高度重视，有利于进一步提升特殊教育整体水平。

"十四五"时期是建设教育强国、实现中华民族伟大复兴的关键时期，办好特殊教育是建设高质量教育体系的重要内容，是促进社会公平、扎实推动共同富裕的重要举措，也是社会文明进步的重要标志。为推动特殊教育高质量发展，2021 年 12 月，国务院办公厅转发教育部等七部门《"十四五"特殊教育发展提升行动计划》②。该计划指出，加强特殊教育教师队伍建设仍然是当前及以后工作的重点之一，具体任务主要包括适当扩大普通高校特殊教育专业招生规模，推动师范类专业开设特殊教育课程内容，列为必修课并提高比例，纳入师范专业认证指标体系，支持公费师范生培养，加大特殊教育专业硕士、博士培养力度；职后继续开展特殊教育学校和随班就读普通学校的校长、教师全员培训；在待遇及职称评聘和表彰奖励上，落实特殊教育教师津贴标准，保障特殊教育教师待遇，绩效工资、职称评聘和表彰奖励向特殊教育教师倾斜，普通学校（幼儿园）在绩效工

---

①中华人民共和国教育部：《教育部等七部门关于印发〈第二期特殊教育提升计划（2017—2020 年）〉的通知》，http://www.gov.cn/xinwen/2017-07/28/content_5214071.htm。

②国务院办公厅：《国务院办公厅关于转发教育部等部门"十四五"特殊教育发展提升行动计划的通知》，http://www.gov.cn/zhengce/content/2022-01/25/content_5670341.htm。

资分配中对直接承担残疾学生教育教学工作的教师给予适当倾斜。《"十四五"特殊教育发展提升行动计划》的颁布和实施，为特殊教育教师队伍建设与发展提供强有力的保障。

广东省根据本省实际，分别在 2014 年印发《广东省特殊教育提升计划（2014—2016 年)》、2018 年印发《广东省第二期特殊教育提升计划（2017—2020 年)》、2022 年印发《广东省"十四五"特殊教育发展提升行动计划》①，都将特殊教育师资队伍建设列为重点内容。这些计划从完善特殊教育师资培养体系、建立健全特殊教育教师管理制度、完善特殊教育教职工编制标准、全面落实特殊教育教师津补贴制度、各种途径加强特殊教育教师全员培训工作等方面制定一系列措施，有利于提高特殊教育学校教师专业化水平。

广东省下辖 21 个地级市，122 个县级行政区划单位（市辖区 65 个、县级市 20 个、县 34 个、自治县 3 个）。根据教育部等七部门联合印发的《第二期特殊教育提升计划（2017—2020 年)》，到 2020 年，我国将基本实现市（地）和 30 万人口以上、残疾儿童少年较多的县（市）都有一所特殊教育学校。《广东省第二期特殊教育提升计划（2017—2020 年)》提出，每个县（市）应建有 1 所以上符合国家标准的义务教育阶段综合性特殊教育学校。截至 2022 年底，广东省已经建有特殊教育学校 152 所②，而在特殊教育提升计划之前的 2013 年，广东省特殊教育学校数量仅为 99 所③。从 2013 年第一期特殊教育提升计划开始，至 2020 年第二期特殊教育提升计划结束，在政策的推动下，广东省特殊教育学校便增加了 45 所，数量是广东省特殊教育学校总数的近三分之一，专任教师数截至 2020 年有 5841

①广东省人民政府办公厅：《广东省人民政府办公厅关于转发省教育厅等部门广东省"十四五"特殊教育发展提升行动计划的通知》，http：//www. gd. gov. cn/zwgk/wjk/qbwj/yfb/content/post _3962208. html。

②广东省教育厅：《广东省各级学校信息查询》，http：//edu. gd. gov. cn/xuexiaochaxun/list. do? action=index&xxxlb_ m=34%20。

③中华人民共和国教育部：《2013 年各地特殊教育基本情况》，http：//www. moe. gov. cn/jyb_ sjzl/moe_ 560/s8492/s8494/201412/t20141215_181609. html。

人[1]，体量位列全国第二，仅排在山东省特殊教育学校专任教师数（5784人）之后。

本书的研究目标包括以下几点：第一，准确把握广东省特殊教育学校教师的工作状况和专业发展需求，为完善特殊教育教师专业发展路径并提高特殊教育教师培训工作实效提供实证依据；第二，通过数据调查，建立广东省特殊教育学校教师专业发展的数据库，并每隔5年进行一次数据库更新，动态把握特殊教育学校教师专业发展的最新进展；第三，为各级特殊教育管理部门、高校及相关研究机构、特殊教育师资培训中心进一步发展特殊教育提供现实依据和政策建议。

第二节　调研过程与研究方法

一、调研过程

1. 抽样情况

本调研采用分层和整群不等概率抽样方案进行抽样。首先，根据珠三角、粤西、粤东、粤北的地理区划[2]，从每个行政区划中随机抽取2个地级市作为调研对象，再从抽取出来的8个地级市中，分别抽取1所市级特殊教育学校和2所区（县）级特殊教育学校作为调研对象，并采用整群抽样的方法对学校的专任教师进行调研。在此次调研中，各类特殊教育学校的768名（珠三角地区398人，粤东西北地区370人）专任教师填写了问卷，占同期广东省特殊教育学校专任教师总数的10.3%。

2. 调研设计

为便于调研问卷的填写与回收，调研采用线上问卷的方式，通过"问

---

①中华人民共和国教育部：《2020年各地特殊教育学校教职工数》，http：//www. moe. gov. cn/jyb_ sjzl/moe_ 560/2020/gedi/202109/t20210901_ 557340. html。

②按照行政区划，珠三角地区包括广州、深圳、佛山、东莞、中山、珠海、江门、肇庆、惠州；粤西地区包括湛江、茂名、阳江；粤东地区包括汕头、潮州、揭阳、汕尾；粤北地区包括云浮、韶关、清远、梅州、河源。

卷星"小程序生成二维码或链接发给抽样学校的校长或副校长,在统一的规定时间内(如全校教职工大会等场合)进行填写,保证整体抽样中专任教师的填答数量和质量。同时,问卷设置必须全部作答,不漏填每一个问题,有利于保证问卷填答的完整性和准确性。

3. 问卷内容

为了与全国特殊教育教师专业发展状况调查(National Special Education Teacher Professional Development Survey,NSETPDS)数据库对接,便于与全国的特殊教育学校教师数据比较,本次调研内容与 NSETPDS 全国数据库设置的内容基本一致,有部分题目根据广东省的省情进行个别化设定。具体地说,调研问卷内容由教师背景信息、教学状况、专业发展状况、职业发展状况、科研状况和生活状况等六个方面组成,其中,教学状况包括工作负担、专业知识及专业能力等,专业发展状况包括专业准备、在职培训及培训动机等,职业发展状况包括职业认同、工作满意度、职业倦怠和自我效能感等,科研状况包括科研知识与科研技能、参与和主持科研课题等,生活状况包括经济收入、健康状况、婚姻与业余生活状况等。

4. 数据整理与分析

数据回收后,笔者对数据进行整理并检核基本数据信息,然后用 SPSS26.0 和 excel 软件对数据进行统计分析,同时准备撰写报告和论文。

二、研究方法

1. 文献法

在开展调研前,笔者查阅和整理国内外相关文献,确定广东省特殊教育学校教师专业发展的调研方向。

2. 访谈法

笔者利用所在单位——广东省特殊教育教师发展联盟理事长单位优势,多次邀请多所特殊教育学校校长和专任教师进行焦点小组访谈及单独访谈,了解当前特殊教育学校管理者在队伍建设和专任教师在专业发展方面关注的问题及产生的困惑,完善调查问卷的框架和题项。

3. 问卷法

笔者综合文献法和访谈法得到的信息,编制调查问卷。问卷初稿由

1 名高校特殊教育专业专任教师和 2 名特殊教育学校教师填答，并请他们提出修改意见。笔者根据综合问卷结果和几位教师的意见，进一步完善问卷结构和内容，形成正式调查问卷。

第三节　样本属性特征

一、广东省特殊教育学校被调查教师的男女比例

被调查的广东省特殊教育学校教师的男女比例见表 1-1。从性别上看，男性特殊教育教师 191 名，女性特殊教育教师 577 名。女教师人数是男教师的三倍多。这一数据反映广东省特殊教育学校教师男女比例存在一定程度失调的状况。

表 1-1　广东省特殊教育学校被调查教师的男女比例

性别	男	女
数量（人）	191	577
比例（%）	24.87	75.13

二、广东省特殊教育学校被调查教师的年龄结构

被调查的广东省特殊教育学校教师的年龄结构见表 1-2。从年龄结构看，年龄在 25 岁以下的特殊教育学校教师有 172 人，占总样本数的22.40%，此年龄段的教师年轻但工作经验相对欠缺；年龄在 26~35 岁的教师有 278 人，占总样本数的 36.20%，这些教师比较年轻并相对拥有较高的工作激情；年龄在 36~45 岁的教师有 192 人，占总样本数的 25.00%，此年龄段的教师拥有丰富的工作经验，属于特殊教育学校教师队伍中的骨干教师队伍；46 岁以上的教师有 126 人，占总样本数的 16.4%，这些教师工作经验最为丰富，但精力可能相对年轻教师而言不够充沛。

表1-2 广东省特殊教育学校被调查教师的年龄结构

年龄	25 岁以内	26~35 岁	36~45 岁	46~55 岁	56 岁以上
数量（人）	172	278	192	122	4
比例（%）	22.40	36.20	25.00	15.88	0.52

三、广东省特殊教育学校被调查教师的学历结构

被调查的广东省特殊教育学校教师的学历结构见表1-3。从学历层次看，特殊教育学校教师本科学历人数最多，共有 624 人，占总样本数的 81.25%；大专学历有 100 人，占总样本数的 13.02%；研究生学历为 34 人，占总样本数的 4.43%；大专以下学历有 10 人，占总样本数的 1.30%。

表1-3 广东省特殊教育学校被调查教师的学历结构

学历	初中	高中（含中专、职高、技校）	大专	本科	研究生
数量（人）	4	6	100	624	34
比例（%）	0.52	0.78	13.02	81.25	4.43

四、广东省特殊教育学校被调查教师的专业背景

被调查的广东省特殊教育学校教师的专业背景见表1-4。从特殊教育学校教师的专业背景看，拥有特殊教育专业背景和非特殊教育专业背景的特殊教育教师人数分别为 390 人和 378 人，两者比例相对均衡，同时也意味着特殊教育专业背景的教师数量不足。

表1-4 广东省特殊教育学校被调查教师的专业背景特征

专业背景	特殊教育	非特殊教育
数量（人）	390	378
比例（%）	50.78	49.22

五、广东省特殊教育学校被调查教师的职称结构

被调查的广东省特殊教育学校教师的职称结构见表1-5。从职称层次

看，特殊教育学校教师的中级职称人数最多，有 264 人，占总样本数的
34.38%；初级职称教师 233 人，占总样本数的 30.34%；高级职称只有 86
人，占总样本数的 11.20%。

表 1-5 广东省特殊教育学校被调查教师的职称结构

职称情况	无职称	初级职称	中级职称	高级职称
数量（人）	185	233	264	86
比例（%）	24.09	30.34	34.38	11.20

六、广东省特殊教育学校被调查教师的教师资格结构

被调查的广东省特殊教育学校教师的教师资格结构见表 1-6。从教师
资格证结构看，持有小学教师资格证的人数最多，为 301 人，占总样本数
的 39.19%；持有高级中学教师资格证的特殊教育学校教师为 227 人，占总
样本数的 29.56%；持有初中教师资格证的特殊教育学校教师为 195 人，占
有效样本数的 25.39%；持有幼儿园和中专技校教师资格证的特殊教育学
校教师不足 10%。

表 1-6 广东省特殊教育学校被调查教师资格结构

教师资格证	幼儿园	小学	初级中学	高级中学	中专技校
数量（人）	26	301	195	227	19
比例（%）	3.39	39.19	25.39	29.56	2.47

七、广东省特殊教育学校被调查教师的教龄结构

被调查的广东省特殊教育学校教师的教龄结构见表 1-7。从教龄看，
特殊教育学校教师中 1~5 年教龄的人数最多，为 319 人，占总样本的
41.54%；从教 20 年以上的特殊教育学校教师为 212 人，占总样本的
27.60%；从教时间在 6~10 年和 11~20 年的特殊教育学校教师人数分别为
112 人和 125 人，分别占总样本的 14.58% 和 16.28%。

表1-7 广东省特殊教育学校被调查教师的教龄特征

教龄	1~5年	6~10年	11~20年	20年以上
数量（人）	319	112	125	212
比例（%）	41.54	14.58	16.28	27.60

八、广东省特殊教育学校被调查教师的特殊教育教龄结构

被调查的广东省特殊教育学校教师的特教教龄结构见表1-8。鉴于部分教师是从普通学校转入特殊教育学校任教，因此，在背景信息中我们还调研了从事特殊教育的教龄。从调研结果看，有440名教师的特教教龄为1~5年，占总样本数的57.29%；6~10年特教教龄的教师为199人，占总样本数的25.91%；从事特殊教育工作时间为11~20年、20年以上的教师人数分别是84人和45人，分别占总样本数的10.94%和5.86%。

表1-8 广东省特殊教育学校被调查教师的特教教龄结构

特教教龄	1~5年	6~10年	11~20年	20年以上
数量（人）	440人	199人	84人	45人
比例（%）	57.29	25.91	10.94	5.86

九、广东省特殊教育学校被调查教师的服务对象特征

被调查的广东省特殊教育学校教师的服务对象特征见表1-9。从服务对象特征来看，服务对象为智力障碍学生的特殊教育学校教师为430人，占总样本数的55.99%；服务对象为多重障碍学生的特殊教育学校教师为126人，占总样本数的16.41%；服务孤独症和听力障碍学生的特殊教育学校教师均为72人，均占总样本数的9.38%；服务视力障碍和脑瘫学生的特殊教育学校教师占比较少。

表 1-9　广东省特殊教育学校被调查教师的服务对象特征

服务对象	智力障碍	听力障碍	视力障碍	孤独症	脑瘫	多重障碍	其他
数量（人）	430	72	20	72	4	126	44
比例（%）	55.99	9.38	2.60	9.38	0.52	16.41	5.72

十、广东省特殊教育学校被调查教师的服务学校性质特征

被调查的广东省特殊教育学校教师服务学校的性质见表 1-10。从服务学校性质特征看，超过 90% 的教师来自培智学校和综合类特殊学校，其他学校的教师不足 10%。

表 1-10　广东省特殊教育学校被调查教师的服务学校性质特征

学校性质	盲校	聋校	培智学校	综合类特殊学校
数量（人）	11	12	357	388
比例（%）	1.43	1.56	46.49	50.52

第二章　广东省特殊教育学校
教师队伍建设发展状况

　　随着广东省特殊教育的发展，特殊教育教师队伍不断扩大。本章采用教育部网站公开的广东省特殊教育学校教师的数据，从特殊教育学校教师数量、结构和质量三个维度展开分析，以期准确、客观地描述广东省特殊教育学校教师队伍建设发展状况。

第一节　广东省特殊教育学校教师数量概况

一、广东省特殊教育学校教师总体规模

　　近年来，党和国家高度重视特殊教育师资建设，出台了一系列政策文件。为认真贯彻落实党和国家以及教育部相关文件精神，切实保障残疾人受教育权利，促进特殊教育事业发展，广东省推出两期特殊教育提升计划，全省特殊教育学校教师数量呈现稳步增长的趋势。从图 2-1 看，2013年，广东省特殊教育学校教职工为 3405 人，2017 年特殊教育学校教职工突破 5000 人。2020 年，第二期特殊教育提升计划结束，特殊教育学校教职工达到 7461 人，与 2013 年相比增长 119.11%。其中，增幅较大的两个年份是 2015 年和 2016 年，年增长率分别是 15.48% 和 16.85%。总体来看，教职工总数逐年增长，规模不断扩大，为残障儿童少年受教育权利提供一

定的师资保障。

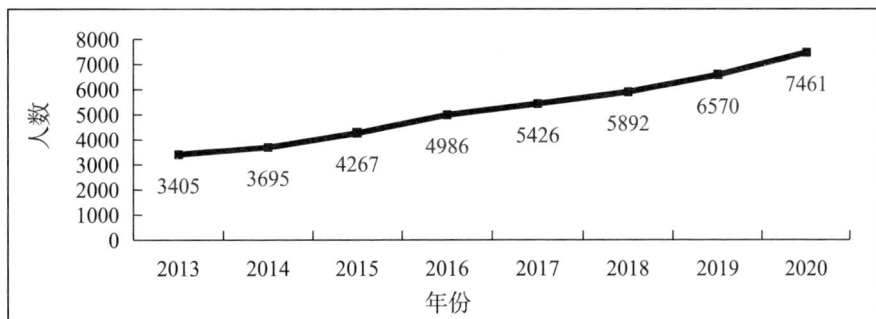

图 2-1　2013—2020 年广东省特殊教育学校教职工总数的变化情况

二、广东省特殊教育学校专任教师的数量变化

从图 2-2 中可以看出，广东省特殊教育学校专任教师人数变化与教职工总数变化相似，均呈现上升趋势。2013 年，广东省特殊教育学校的专任教师数量为 2714 人。2019 年，专任教师数量突破 5000 人。2020 年，广东省特殊教育学校教师专任教师为 5841 人，与 2013 年相比增长 115.22%。增幅较大的两个年份是 2015 年和 2016 年，年增长率分别是 17.98% 和 14.62%。

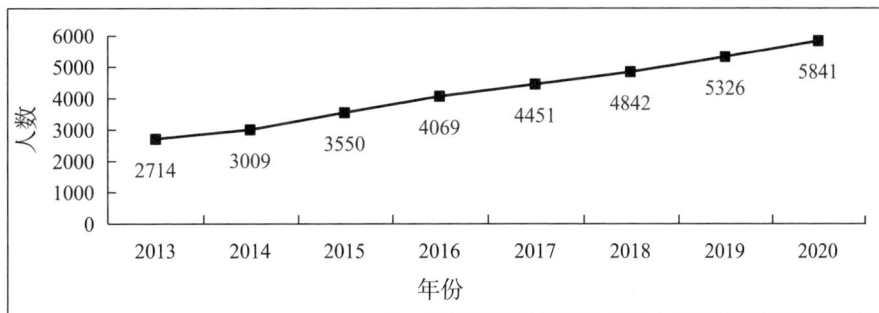

图 2-2　2013—2020 年广东省特殊教育学校专任教师总数的变化情况

三、广东省特殊教育学校非专任教师的数量变化

特殊教育学校中的非专任教师主要包括行政人员、教辅人员和工勤人员三类。从图 2-3 来看，广东省特殊教育学校行政人员、教辅人员和工勤

人员的数量在 2013 年至 2015 年保持相对稳定的水平，从 2016 年起呈现逐年上升的趋势。2013 年非专任教师为 691 人，到 2018 年突破 1000 人。2020 年，广东省非专任教师的人数为 1620 人，与 2013 年相比增长 134.44%。增幅较大的两个年份为 2016 年和 2020 年，年增长率分别为 27.89% 和 30.22%。

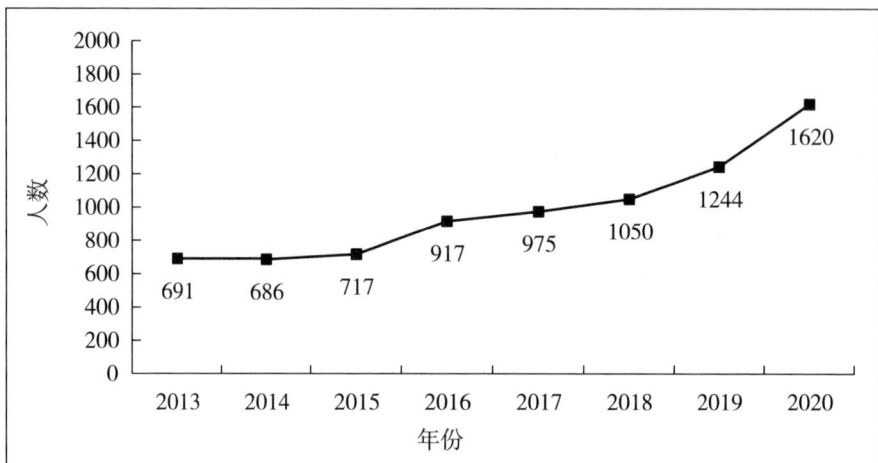

图 2-3 2013—2020 年广东省特殊教育学校非专任教师总数的变化情况

四、广东省特殊教育学校教师数量情况的总结与讨论

（一）总结

建立一支数量充足、结构合理、素质过硬的特殊教育师资队伍是特殊教育事业发展的重要任务之一。从 2013 年至 2020 年广东省特殊教育学校教师数量变化的分析来看，特殊教育学校教师在整体规模上实现较大的增长，并呈现如下特点：

第一，特殊教育学校教师规模持续增长但缺口仍然巨大。

从整体来看，广东省按照国家有关部委相关要求组织实施两期特殊教育提升计划后，全省特殊教育学校教师数量得到较快增长，教职工总数由 2013 年的 3405 人发展到 2020 年的 7461 人。教师队伍规模不断扩大，为残障儿童少年受教育权利提供了师资保障。特殊教育学校由 2013 年的 99 所增加到 2020 年的 143 所。到 2020 年第二期特殊教育提升计划结束时，全省残疾儿童入学率达 95% 以上。

生师比是测算学校师资需求量的数量指标，也是反映学校人力资源利用效率的指标。从广东省数据看，2013 年特殊教育学校在校生为 11263 人[①]，教职工数为 3405 人，生师比为 3.31∶1；2020 年广东省特殊学生在校生为 63802 人（含随班就读学生及送教上门学生）[②]，教职工数为 7461 人[③]，如果按一半在特殊教育学校就读计算[④]，生师比为 4.28∶1。生师比提高反映出特殊教育学校教师的增长速度低于残障儿童的入学速度。按照现行的《广东省特殊教育学校教职员编制标准暂行办法》（粤机编办〔2008〕109 号）[⑤]，对于招收自闭症、脑瘫学生和多重残疾学生的学校，教职工与学生的配备标准为 1∶2；智障学生、聋生、盲生分别为 1∶2.5、1∶3.5、1∶3，特殊教育学校教师数量的缺口依然较大，是特教事业发展需要重点关注的问题。

第二，2015 年和 2016 年特殊教育学校教职工总数和专任教师人数增幅较大，非专任教师增幅较大的年份为 2016 年和 2020 年。

从公开的统计数据看，特殊教育学校教职工总数和专任教师数增长较快的年份为 2015 年和 2016 年。《广东省特殊教育提升计划（2014—2016 年）》提出，到 2016 年，全省基本普及残疾儿童少年义务教育，视力、听力、智力障碍儿童少年义务教育入学率达到 90% 以上，其中珠三角地区各县（市、区）入学率力争达到当地普通适龄儿童少年水平，其他地区各县（市、区）达 90% 以上；重度肢体、孤独症、脑瘫残疾人受教育机会明显增加。全省残疾儿童学前教育毛入园率达 80% 以上，其中珠三角地区各县（市、区）达 85% 以上，其他地区各县（市、区）达 75% 以上。《广东省

---

①广东省教育厅：《2014 年广东省教育统计年鉴》，中山大学出版社 2014 年版，第 224 页。

②广东省教育厅：《2020 年广东省教育事业发展统计公报》，http：//edu. gd. gov. cn/zwgknew/sjfb/content/post_3776040. html。

③中华人民共和国教育部：《2013 年特殊教育学校教职工数》，http：//www. moe. gov. cn/jyb_sjzl/moe_560/s8492/s8494/201412/t20141215_181608. html。

④因具体数据未公开，此数据按教育部《2020 年全国教育事业发展统计公报》公布的各类在校生比例进行推算，特殊教育学校就读在校生大约占 50.05%。

⑤广东省编办、省教育厅、省财政厅、省人事厅：广东省关于于印发《广东省中小学教职员编制标准实施办法》的通知，http：//www. gddpf. org. cn/xxgk/zcfg/jy/content/post_565673. html。

第二期特殊教育提升计划（2017—2020 年）》提出，2020 年残疾儿童少年义务教育入学率达到95%以上。相对第一期特殊教育提升计划，5%的提升率较易达成，因此 2020 年特殊教育学校教职工总数增幅不大。但随着新建特殊教育学校数量的增多，行政人员、教辅人员和工勤人员的需求大大增加，体现在 2020 年这几类人员数量增幅较大。

（二）讨论

根据广东省特殊教育学校教师的基本情况，笔者从如何提高特殊教育学校教师数量出发，提出如下建议。

第一，提高省内特殊教育专业师范生的培养数量。

广东省内培养特殊教育师资的院校共 5 所，为 3 所师范类院校和 2 所非师范类院校，培养层次都为本科以上。以 5 所高校中特殊教育专业招生人数最多的岭南师范学院为例，2016 年至 2022 年，累计培养特殊教育专业毕业生 543 人，90%以上毕业生在广东省内就业。同期，5 所高校特殊教育本科毕业生数量保守估计约 2000 人，且其他省份特殊教育专业毕业生补充广东省特殊教育师资的情况一直存在。2020 年，全国开设特殊教育本科专业的学校达 62 所，专科层次学校为 18 所，但整体上特殊教育人才数量培养有限。

通过上述数据分析，目前特殊教育师资依旧不能满足需求。按照特殊教育学校生师比 3:1 测算，现有特殊教育学校专任教师缺口超过 3000 人。根据《"十四五"特殊教育发展提升行动计划》"继续在 20 万以上加强特殊教育学校建设，鼓励 20 万人口以上的县（市、区、旗）办好一所达到标准的特殊教育学校"的要求，师资供给不足的矛盾会进一步突出。

第二，制定相关政策减小区县级特殊教育学校师资缺口。

2018 年，广东省教育厅公布《广东"新师范"建设实施方案》[1]，提出将"完善师范院校招生办法，实施公费定向师范生培养计划"。2022 年，共有 46 名[2]公费定向师范生补充到粤东、粤西和粤北地区的特殊教育学

---

[1]广东省教育厅：《广东出台"新师范"建设实施方案》，http：//www. moe. gov. cn/jyb_xwfb/xw_zt/moe_357/jyzt_2018n/ztzl_jsjyzx/ssjz/gdbf/201804/t20180420_333791. html。

[2]来自特殊教育公费定向师范生培养单位数据。

校，一定程度上缓解了招聘特殊教育专业教师的困境。但由于政策的滞后性和人才培养周期性的特点，整体来说区县级特殊教育学校仍然面临专业师资不足的现状。

第三，多途径补充特殊教育学校教师队伍。

面对供需不平衡的现况，笔者通过访谈部分校长发现，特殊教育学校除了公开招聘外，通过普通教育教师和行政管理人员转岗来补充特殊教育师资队伍是目前常规的做法。转岗之后，学校通过专业培训（省培、校培、跟岗）的方式让教师快速掌握特殊儿童少年的相关知识和教学技能。这意味着，普通教师在转岗之前未从事过特殊教育工作，要胜任特殊教育学校的教学岗位，还需要一个学习和适应过程。

第二节　广东省特殊教育学校教师结构特点

一、广东省特殊教育学校教师性别结构

近年来，广东省特殊教育学校教师队伍建设得到全面加强，教师队伍年龄和学科结构得到明显优化。但是，教师队伍性别结构问题较为突出，男女教师比例失衡问题比较严重。从广东省特殊教育学校教师的性别结构看（表2-1），男性数量远远低于女性。2013年至2020年，全省特殊教育学校中女教师的比例为75%左右：2018年为最低年份，占比为73.96%；2016年为最高年份，占比75.06%，8年间在1.1个百分点浮动。

表2-1　广东省特殊教育学校教师队伍性别结构情况

年份	专任教师数（人）	女		男	
		人	%	人	%
2013	2714	2039	75.13	675	24.87
2014	3009	2258	75.04	751	24.96
2015	3550	2640	74.37	910	25.63

续表

年份	专任教师数（人）	女		男	
		人	%	人	%
2016	4069	3054	75.06	1015	24.94
2017	4451	3336	74.95	1115	25.05
2018	4842	3581	73.96	1261	26.04
2019	5326	3980	74.73	1346	25.27
2020	5841	4373	74.87	1468	25.13

注：根据教育部网站 2013—2020 年相关数据整理而成。

二、广东省特殊教育学校教师类型结构

特殊教育学校教职员工包括专任教师、行政人员、教学辅助人员和工勤人员。专任教师是指在学校中直接从事教育、教学工作的专业在编在岗人员。行政人员是指从事学校管理工作（包括行政管理、党群工作和教育教学管理）的在编在岗人员。教学辅助人员是指从事物理治疗、康复、图书、电化教育、卫生保健及寄宿制学校生活指导等教学辅助工作的在编在岗人员。工勤人员指的是学校的厨工、清洁工、花匠、木工、电工、门卫、收发员、学生宿舍服务人员等后勤服务人员。不同类型人员在教职工总数的占比，能够反映出专任教师是否短缺、师资配置是否合理等问题。

从表 2-2 呈现的广东省特殊教育学校专任教师与非专任教师数据可以看出，特殊教育学校专任教师人数占特殊教育学校总教职工数的比例，呈现出先增高再降低的趋势。特殊教育学校专任教师人数占比最高的年份是 2015 年，达到了 83.20%。特殊教育学校专任教师人数占比最低的年份是 2020 年，只有 78.29%，甚至低于 2013 年的 79.70%。非专任教师人数的情况与之相反。

表2-2　广东省特殊教育学校专任教师与非专任教师情况（2013年至2020年）

年份	教职工数	专任教师		非专任教师	
		人	%	人	%
2013	3405	2714	79.70	691	20.30
2014	3695	3009	81.43	686	18.57
2015	4267	3550	83.20	717	16.80
2016	4986	4069	81.61	917	18.39
2017	5426	4451	82.03	975	17.97
2018	5892	4842	82.18	1050	17.82
2019	6570	5326	81.07	1244	18.93
2020	7461	5841	78.29	1620	21.71

注：根据教育部网站2013年至2020年相关数据整理而成。

三、广东省特殊教育学校教师结构特点的总结

（一）广东省特殊教育学校女教师占主导地位

从公开数据发现，广东省特殊教育学校教师队伍性别结构失衡，女教师占主导地位不利于学生健全发展。同时，这一问题也制约特殊教育质量提升，影响人民群众对教育事业的满意度。

教育部2020年发布的统计数据显示，我国特殊教育学校共有教职工76415人，专任教师66169人。其中，女教职工54866人，女专任教师49373人，分别占总数的71.80%和74.62%。笔者的调研数据与之对比可以发现，广东省的特殊教育学校女教师占比高于全国平均水平。如何吸引更多的男教师从事特殊教育事业成为一个重要的问题。尤其是面对校内越来越高比例的多重障碍、孤独症以及大龄的残疾儿童少年，男教师对其进行问题行为矫正、康复教学具有身体素质优势。在访谈特殊教育学校校长时，很多校长希望有越来越多的男教师能加入特教队伍。但现实中，男性的性别优势让他们在就业市场上更有竞争力，职业选择更多，报酬可能更丰厚，因此，很多男性会倾向从事其他高收入行业而不是教育行业，尤其

是特殊教育行业。

（二）特殊教育专任教师在教职工总数中的占比呈现先高后低的趋势

专任教师是学校教育教学的主力军，其所占比例会对教育教学质量产生较大的影响。在相关政策的支持下，广东省特殊教育学校专任教师数量由2013年的2714人增加到2020年的5841人，增幅高达115%。但是，特殊教育学校专任教师数占特殊教育学校教职工总数的比例呈现先增高后降低的趋势。特殊教育学校专任教师人数在教职工总数的占比为78.29%~83.20%。

《广东省特殊教育学校教职员编制标准暂行办法》（粤机编办〔2008〕109号）规定，"特殊教育学校管理人员、党群组织负责人和工作人员可根据工作需要，按照事业单位岗位设置管理要求相互兼职。严格控制职员、教学辅助人员在学校教职员编制中所占比例，原则上专任教师占教职员编制的比例不低于84%"。而从笔者调研的2013年至2020年的特殊教育学校专任教师人数在教职工总数的占比来看，历年均未达到该标准。这直接反映出特殊教育学校专任教师人员相对缺乏。

近年来，新建特殊教育学校不断增多，需要专任教师及各种类型的教职人员。此外，随着融合教育进一步发展，特殊教育学校中多重障碍、孤独症等学生数量增多，不仅需要更多的专任教师，同时也需要康复师、心理健康师等教辅人员。因此，特殊教育学校中的专任教师与教辅人员的比例多少为佳？不同类型特殊教育学校是否应该不同？这些问题有待继续研究和探讨。

第三节　广东省特殊教育学校教师质量概况

一、广东省特殊教育学校专任教师学历水平情况

教师学历是教师专业素质的重要保证，是特殊教育教学质量的关键指标之一。随着经济的发展和社会的进步，对特殊教育学校教师的学历要求不断提高。本节分析的特殊教育专任教师的学历水平包括研究生、本科、

大专、高中及以下四个水平。

（一）广东省特殊教育学校专任教师不同学历教师规模

整体来看，广东省特殊教育学校教师中研究生学历、本科学历人数逐年增加，专科学历人数保持相对稳定，而高中及以下学历的特殊教育学校教师人数逐年减少（图2-4）。研究生学历人数由2013年的136人，到2016年突破200人，2020年增长到337人。本科学历教师人数从2013年的1552人，到2017年接近翻一番突破3000人，至2020年增长到4484人，是广东省特殊教育学校专任教师的重要组成部分。2013年，全省专科学历教师为858人，而后增长至1095人又呈现下降趋势，到2020年为918人。高中及以下学历的特殊教育学校教师呈现显著下降的趋势，2013年为168人，到2020年降至102人。

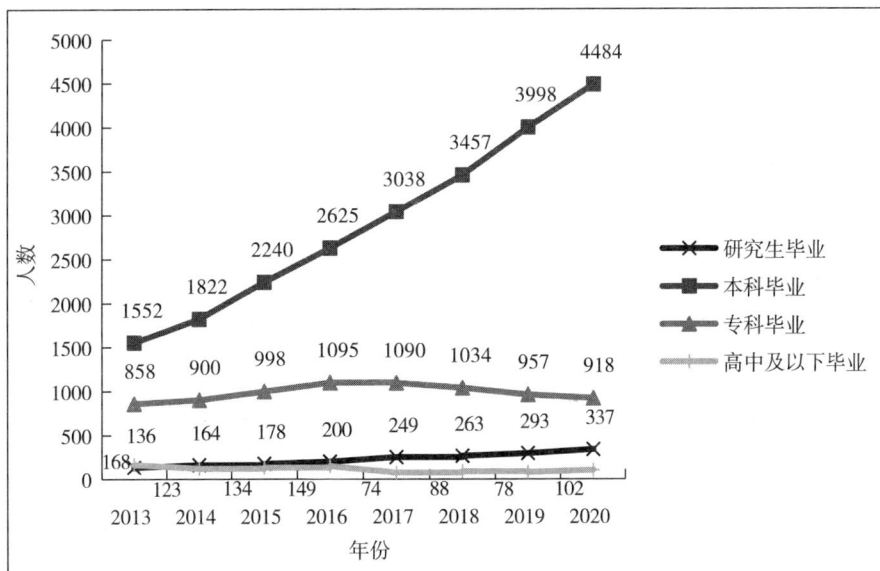

图2-4　2013年至2020年广东省特殊教育教师的学历情况

（二）不同学历专任教师占专任教师总数的比例变化

从不同学历的特殊教育学校专任教师占专任教师总数的比例看，不同学历特殊教育学校专任教师比例的变化趋势与整体规模的变化趋势相似，研究生学历专任教师缓慢增长，由2013年的5.01%增长到2020年的

5.77%；本科学历专任教师增长幅度最大，由 2013 年的 57.18%增长到 2020 年的 76.77%，增长了近 20 个百分点；专科学历专任教师比例有较大幅度下降，从 2013 年的 31.61%下降到 2020 年的 15.72%；高中及以下学历专任教师所占比例缓慢下降，从 2013 年的 6.19%下降到 2020 年的 1.75%。整体来看，广东省特殊教育学校专任教师的学历水平以本科和专科为主，并呈现出高学历专任教师逐年增长、专科学历专任教师相对稳定，高中及以下学历专任教师逐年降低的趋势（图 2-5、表 2-3）。

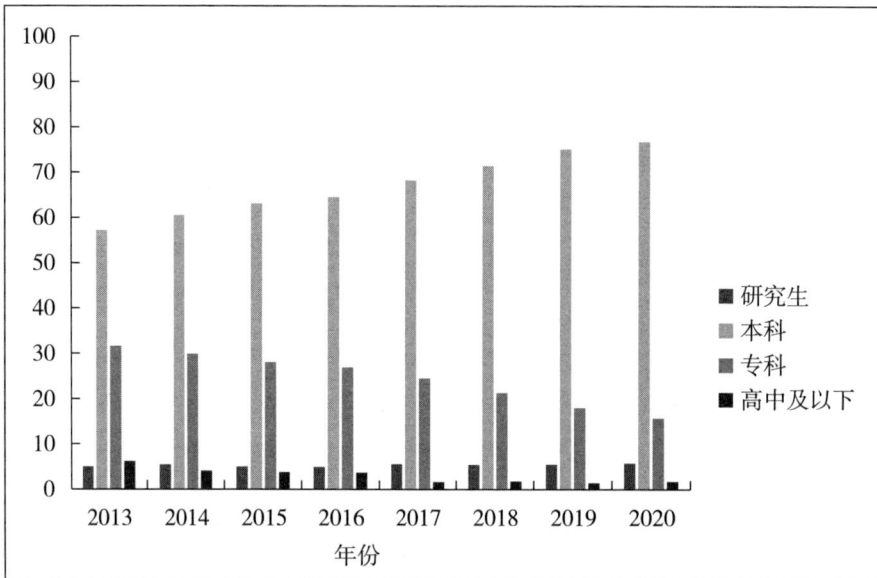

图 2-5　2013 年至 2020 年广东省特殊教育学校不同学历专任教师所占比例变化

表 2-3　广东省特殊教育学校教师学历情况（2013 年至 2020 年）

年份	研究生		本科		专科		高中及以下	
	人	%	人	%	人	%	人	%
2013	136	5.01	1552	57.18	858	31.61	168	6.20
2014	164	5.45	1822	60.55	900	29.91	123	4.09
2015	178	5.01	2240	63.10	998	28.11	134	3.78

年份	研究生		本科		专科		高中及以下	
	人	%	人	%	人	%	人	%
2016	200	4.92	2625	64.51	1095	26.91	149	3.66
2017	249	5.59	3038	68.25	1090	24.49	74	1.67
2018	263	5.43	3457	71.40	1034	21.35	88	1.82
2019	293	5.50	3998	75.07	957	17.97	78	1.46
2020	337	5.77	4484	76.77	918	15.72	102	1.74

注：根据教育部网站 2013 年至 2020 年相关数据整理而成。

二、广东省特殊教育学校专任教师专业技术职务（职称）情况

与学历一样，专业技术职务（职称）也是衡量特殊教育学校专任教师队伍质量的重要指标之一。特殊教育学校专任教师的专业技术职务分为正高级、副高级、中级、助理级、员级和未定级六种情况，2019 年以前的专业技术职务情况与 2019 年以后不同，在统计中统一按现行标准转换为以上六种。

（一）广东省特殊教育学校专任教师专业技术职务数量变化情况

广东省特殊教育学校专任教师中具有高级职称（包括正高级和副高级职称）的教师近几年呈现稳定增长的态势，从 2013 年的 103 人增长至 2020 年的 568 人，2020 年是 2013 年的五倍多。可喜的是，2019 年全省第一次出现正高级职称教师，且数量呈现逐年增加的趋势：由 2019 年的 5 人到 2020 年的 6 人，至 2021 年增加到 8 人；中级职称的专任教师人数也基本呈现逐年增长的趋势，由 2013 年的 1348 人增加到 2020 年的 2105 人；助理级专任教师人数呈现逐年增长趋势，由 2013 年的 646 人增加到 2020 年的 1677 人；员级和未定职称的专任教师呈现先增长后下降的趋势（图 2-6）。

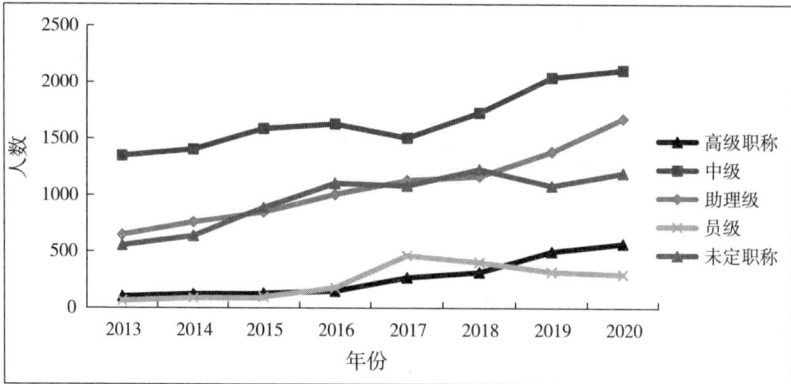

图 2-6　2013 年至 2020 年广东省特殊教育学校专任教师专业技术职务数量变化情况

（二）不同专业技术职务专任教师占专任教师总数的比例变化

在广东省特殊教育学校专任教师队伍中，高级职称教师所占比例呈现逐年上升的趋势，由 2013 年的 3.80% 上升到 2020 年的 9.72%；占比最高的是中级职称教师，2013 年至 2020 年中级职称占比为 33.84%～49.67%，呈现先下降又缓慢上升的趋势；2013 年至 2020 年助理级职称占比为 23.80%～28.71%，呈现波浪式的缓慢上升趋势；员级所占比例相对较少，2013 年至 2020 年员级职称教师占比为 2.36%～10.4%，呈现先增长后缓慢降低的趋势；2013 年至 2020 年未定职称教师占比为 20.32%～27.16%，呈现"U"字趋势（图 2-7、表 2-4）。

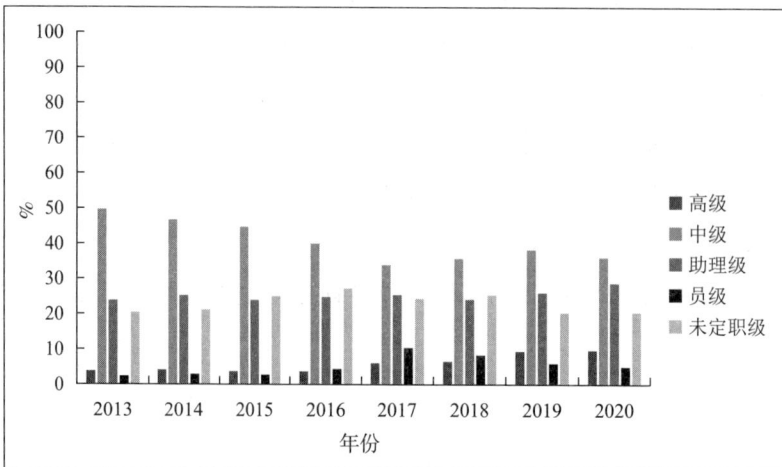

图 2-7　2013 年至 2020 年广东省特殊教育学校不同专业技术职务专任教师所占比例变化

表2-4　广东省特殊教育学校教师专业技术职务情况（2013年至2020年）

年份	正高级		副高级		中级		助理级		员级		未定职级	
	人	%	人	%	人	%	人	%	人	%	人	%
2013	0	0	103	3.80	1348	49.67	646	23.80	64	2.36	553	20.37
2014	0	0	124	4.12	1404	46.66	758	25.19	87	2.89	636	21.14
2015	0	0	130	3.66	1587	44.70	848	23.89	97	2.73	888	25.02
2016	0	0	149	3.66	1629	40.03	1007	24.75	179	4.40	1105	27.16
2017	0	0	269	6.04	1506	33.84	1130	25.39	463	10.40	1083	24.33
2018	0	0	316	6.53	1728	35.69	1166	24.08	404	8.34	1228	25.36
2019	5	0.09	498	9.35	2039	38.28	1383	25.97	319	5.99	1082	20.32
2020	6	0.10	562	9.62	2105	36.04	1677	28.71	296	5.07	1195	20.46

注：2013年职称情况按统一后的标准转换，中学高级对应副高级；小学高级对应中级；小学一级对应助理级；二级、三级对应员级。

三、广东省特殊教育学校教师质量情况的总结与讨论

（一）总结

1. 广东省特殊教育学校专任教师队伍学历不断提升

随着特殊教育事业的较快发展，特殊教育学校教师队伍整体素质不断提高，其中教师学历的提高是重要的指标之一。2013年，广东省特殊教育学校专任教师中本科及以上学历占比为62.19%；2020年广东省特殊教育学校专任教师中本科及以上学历占比为82.54%。同年度全国特殊教育教师本科及以上学历占比分别为56.45%和75.05%，广东省分别比国家数据高出5.74和7.49个百分点。虽然在全国范围内，特殊教育学校专任教师主要以专科学历为主，但广东省特殊教育的师资队伍高学历教师占比高于全国水平，凸显广东省作为全国经济大省，对高学历人才的虹吸作用。同时，广东省出现博士研究生学历人才加入特殊教育教师队伍的现象，这对特殊教育学校教师队伍质量的提高，具有重要的现实意义。

2. 广东省特殊教育学校专任教师队伍高级职称增速较快

广东省特殊教育学校专任教师高级职称教师无论从数量还是比例上，

都呈现上升趋势。从数量上看，副高级职称人数从 2013 年到 2020 年增加了 459 人，正高级职称增加了 6 人。从比例上看，副高级职称教师所占比例呈现逐年上升的趋势，由 2013 年的 3.80% 上升到 2020 年的 9.62%。特殊教育学校教师在职称评聘上与普通教师采用的是相同的体系和内容，而工作内容上却有很大不同。比如，部分特教教师在完成课堂教学工作之外还需承担送教上门任务，大部分送教家庭距离学校较远，送教上门工作占据特教教师的课余时间，但在职称评聘时未能给予送教教师适当照顾。《广东省特殊教育提升计划（2014—2016 年)》中指出，"教师职务（职称）评聘向特殊教育教师倾斜，根据特殊教育特点对特殊教育教师职称进行单列评审"。这一政策上的倾斜，让特殊教育学校教师的专业晋升有了更顺畅的通道，尤其在高级职称评聘上体现明显，2019 年广东省特殊教育学校的正高级职称教师有了零的突破。

（二）讨论

1. 广东省特殊教育学校专任教师的学历仍需提高

虽然广东省特殊教育学校教师中的本科以上学历专任教师占比高于全国水平，但还有近千人持有专科学历或高中及以下学历。当下，专科及以下的学历水平远远不能满足残疾儿童少年对高质量教育的需求，学校和教育主管部门需要引导、鼓励和要求这部分教师通过在职培训、函授等方式进一步提升学历水平，为满足特殊教育事业高质量发展做出努力。

2. 广东省特殊教育学校专任教师的职称结构需要进一步优化

虽然广东省特殊教育学校教师的高级职称、中级职称人数在近些年有了大幅增长，但从结构上看，广东省特殊教育学校专任教师中级职称占比从 2013 年的 49.67% 下降到 2020 年的 36.04%，下降了近 14 个百分点。《国家中长期人才发展规划纲要（2010—2020 年)》中提出，到 2020 年实现高级、中级、初级专业技术人才比例为 10∶40∶50① 的控制目标。按此标准，2020 年广东省特殊教育学校专任教师的中级职称比例低于国家标准

---

① 中共中央、国务院：《国家中长期人才发展规划纲要（2010—2020 年)》，http：//www.gov.cn/jrzg/2010-06/06/content_1621777.htm。

4个百分点。虽然专任教师获得中级以上职称数量不断增加，但随着特殊教育学校及教师队伍的不断扩张，中级以上职称增长速度低于教师的增长速度。这意味着有较多的教师获得职称的年限被延长，职业发展受限，甚至影响到教师工作的积极性。

　　未来，相关部门应科学把握职称改革方向，除了根据特殊教育的特殊性进行职称评聘标准的优化和单列外，还要考虑到在职业发展和职称晋升中的高级、中级、初级岗位的合理配置，让特殊教育学校专任教师的专业发展空间进一步扩大。

第三章　广东省特殊教育学校
教师的教学情况

特殊教育学校教师是特殊教育的中坚力量。截至 2020 年，广东省特殊教育学校教师为 7461 人，其中专任教师为 5841 人，他们分布在全省 144 所特殊教育学校，承担着各类型残疾儿童少年的教育与教学工作。为了了解特殊教育教师队伍现状，以高校和科研院所为主体的研究者对北京、上海、江苏、云南、四川、甘肃、新疆、广州等省区市的特殊教育学校教师队伍建设进行较为广泛深入的实证研究。笔者通过问卷调查和访谈，对广东省特殊教育学校教师的教学情况从工作负担、专业知识、专业能力等方面进行分析，展示广东省特殊教育学校教师的教学情况。

第一节　广东省特殊教育学校教师工作负担分析

教师工作量是一个包含所有反映个体工作的数量和难度的变量的母概念[1]。对教师工作量的考察往往转化为对教师工作内容的描述，如教学、备课、批改作业、与家长沟通、学校行政工作等。从这个角度来看，教师工作量不等于教师的教学工作量，因为教师往往需要承担一些非教学的工

---

[1]BOWLING, N, KIRKENDALL, C. "*Workload: A Review of Causes, Consequences, and Potential Interventions*" in Contemporary Occupational Health Psychology: Global Perspectives on Research and Practice, New Jersey: John Wiley & Sons, Ltd. 2012. 222.

作任务。对此，经济合作与发展组织（Organization for Economic Co-operation and Development，OECD）明确指出，教师用于完成课堂教学任务的工作时间，即教学工作量（teaching workload），而用于完成非教学任务的工作时间，即非教学工作量（non-teaching workload）[1]。对于特殊教育学校教师而言，教师需要投入较多的时间和精力来满足残疾儿童少年的个别化教育需要。

一、广东省特殊教育学校教师实际教学工作量情况

笔者针对广东省特殊教育学校教师的教学工作量，具体调研了教师授课的门数、授课班级数量、班级学生人数以及教师对教学工作量的主观感受，结果如图3-1~图3-4所示。

从图3-1可以看出，广东省特殊教育学校教师中，有56.7%的教师承担2~3门课的教学任务，有17.3%的教师甚至承担4门以上课程的教学工作。

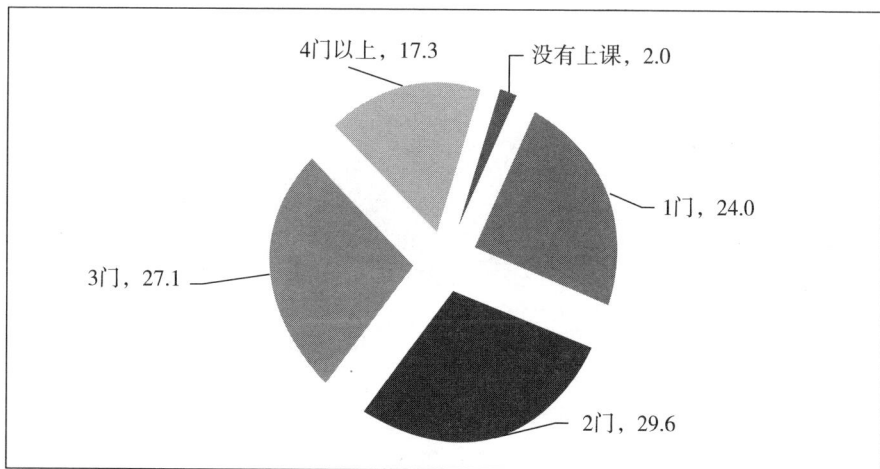

图3-1　广东省特殊教育学校教师授课门数及比例情况（%）

从图3-2可以看出，广东省特殊教育学校教师中，47.0%的教师承担1个班级的教学工作，38.9%的教师承担2~3个班级的教学工作，10.0%

---

[1]OECD：Education at A Glance 2020，https：//doi. org/10. 1787/69096873-en。

的教师承担 4~5 个班级的教学工作。

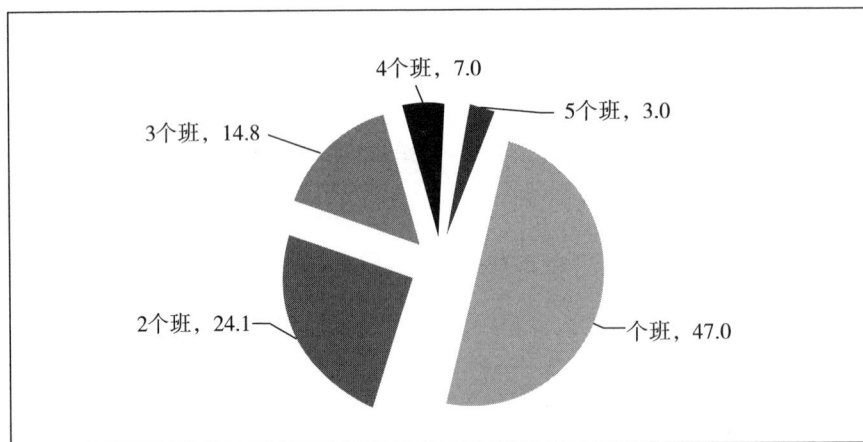

图 3-2　广东省特殊教育学校教师授课班级数量及比例情况（%）

从图 3-3 中可以看出，广东省特殊教育学校 54.3% 的教师所教班级的人数为 10~20 人，21.1% 的教师所教班级的学生人数超过 20 人，只有 20.4% 的教师所教学生数量为 10 人以下。

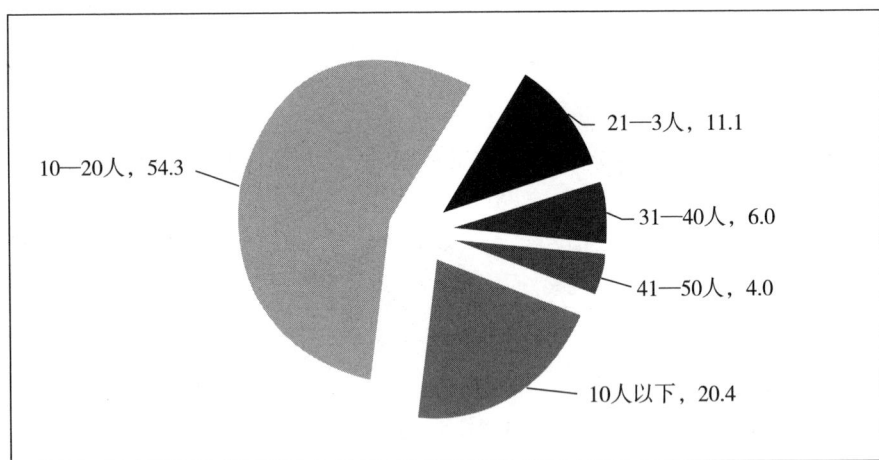

图 3-3　广东省特殊教育学校教师所教班级学生人数及比例情况（%）

特殊教育学校的课程设计除了要根据课程标准和教材准备教学内容和教具外，还需要根据每个学生的个别化评估情况，特别是从其独特的学习特点和水平加以考量。另外，近年来特殊教育学校招收学生的障碍程度越来越向中重度发展，较多的课程门数、班级数量和教学人数，意味着教师的教学工作负担较重。

二、广东省特殊教育学校教师对教学工作量的自我感知情况

除了调研特殊教育学校教师在课程门数、教学班级和教学人数等情况，笔者还对教师本人感知到的教学工作量评价进行调查，结果如图3-4所示。

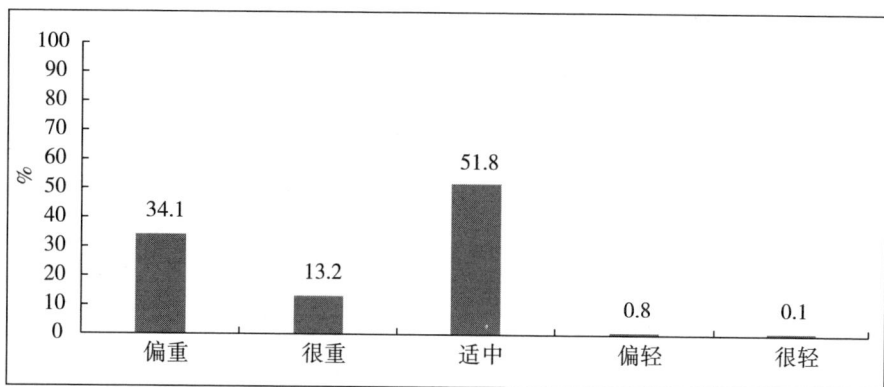

图3-4　广东省特殊教育学校教师教学工作量的自我评价情况

从图3-4可知，47.3%的特殊教育学校教师认为教学工作量偏重或很重，51.8%的教师认为工作适中，认为教学工作量偏轻或很轻的教师只占0.9%。这表明，广东省特殊教育学校教师的教学工作量呈现两种情况：有近一半的教师教学工作量偏重或很重，有一半多的教师认为教学工作量适中，几乎不存在教学工作量偏轻的状况。

三、广东省特殊教育学校教师的备课方式情况

备课是教学工作的前提和基础，也是教学过程的重要环节。备课方式有不同的形式，个人独自备课指的是教师自己钻研任教学科课程标准和教材的活动；教研组集体备课指的是以教研组为单位，组织教师开展集体研读课程标准和教材、分析学情、制订学科教学计划、分解备课任务等活动。带教教师指导备课指的是由教学经验丰富的教师负责指导备课；年级组集体备课指的是以年级为单位，组织开展备课；专家指导备课指的是由

教研专家进行指导备课，解决一线教师在备课和教学中的疑难点。本次调研广东省特殊教育学校教师采取的不同的备课方式，结果如图 3-5 所示。

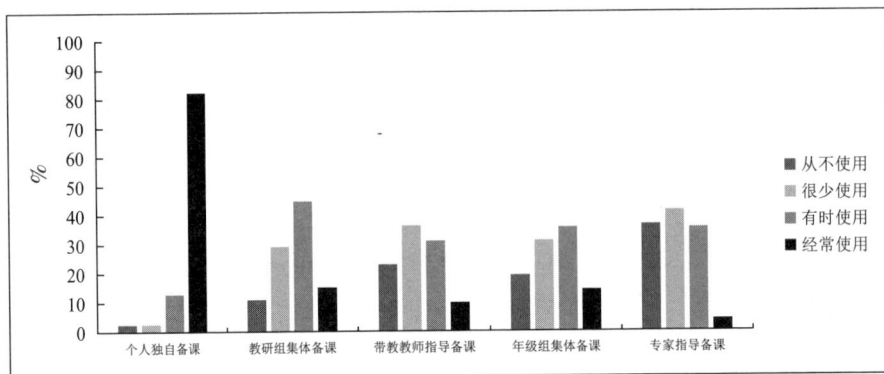

图 3-5　广东省特殊教育学校教师各种备课方式的使用频率

从图 3-5 可以看出，有 82.2% 的教师经常个人独自备课，在各种备课方式中占比最高；对于教研组集体备课方式，约 60% 的教师选择有时或经常使用；对于带教教师指导备课方式，有近 60% 的教师从不使用或很少使用；对于年级组集体备课方式，有 50% 的教师从不使用或很少使用；对于专家指导备课方式，有近 80% 的教师从不使用或很少使用。

四、广东省特殊教育学校教师开设公开课以及对公开课的看法情况

公开课是指有组织、有计划、有目的地面向特定人群作为公开课程讲授的活动。公开课主题鲜明、任务明确，除了学生听课外，还有领导及其他教师参加，是教师展示教学水平、交流教学经验的好时机。在笔者调研中，广东省特殊教育学校教师讲过公开课的比例有 89%。并且，教师对公开课的评价总体较高，超过 80% 的教师认为公开课比较有用或者非常有用（图 3-6）。这一结果说明，广东省特殊教育学校开设公开课是较为普遍的现象，教师对公开课的接受程度较高，评价较好，是促进教师专业发展的有效的途径之一。

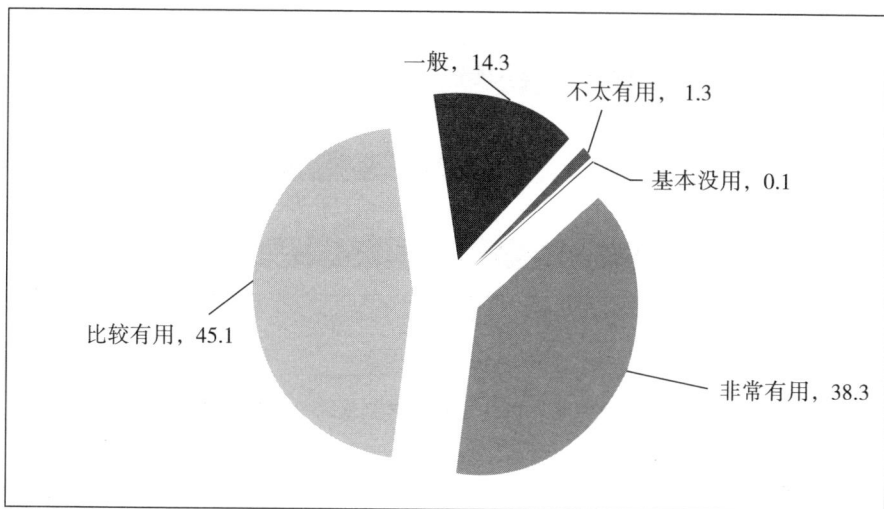

图 3-6　广东省特殊教育学校教师对公开课的看法（%）

五、广东省特殊教育学校教师教学方法与教学反思的情况

1. 教学方法使用情况

教学方法是影响教学质量的关键因素之一。广义的特殊教育教学方法指的是在特殊教育领域所使用的全部教学方法的总称，包括特殊教育机构根据教学目的、任务、内容、教学对象的生理和心理特点所确定的教师和学生为完成教学任务所采取的教学方式和手段，即教师教的方法和学生学的方法①。每一个残疾儿童少年都是一个独特的个体，其身心发展的个体差异和群体差异客观存在，导致其在学校学习的起点、过程和结果也普遍存在差异性。

笔者就广东省特殊教育学校教师经常使用的教学方法（多选）进行分析，结果如图 3-7 所示，96.6% 的特教教师使用讲授和示范法，采用练习法和个别辅导的教师比例大致相同。

---

①朱楠：《特殊教育教学法》，载中国大百科全书（网络版），https：//www.zgbk.com/ecph/words？SiteID＝1&ID＝537153&Type＝bkztb&SubID＝813。

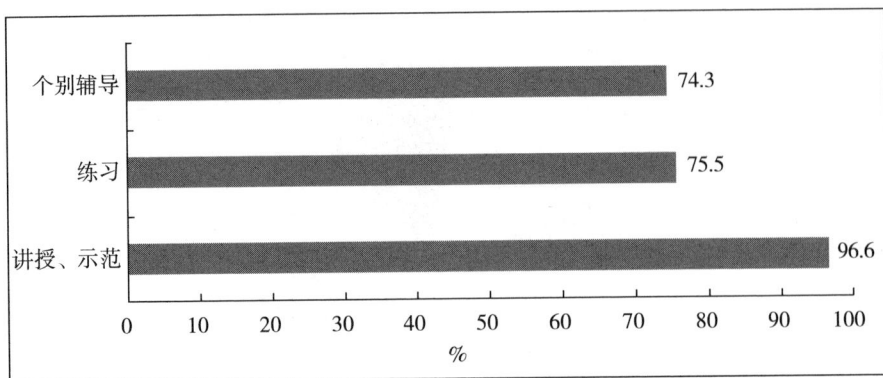

图 3-7　广东省特殊教育学校教师教学方法使用情况

2. 教学反思情况

教学反思是指教师对教育教学实践的再认识、再思考，并以此来总结经验和不足，进一步提高教育教学水平的一种方法。教学反思是教师促进教师专业发展的一种有效手段，无论从实践还是理论上，对教学反思都应该重视。教学反思可以通过教学日记、同事讨论、行动研究、学生反馈等方式进行。

本研究对广东省特殊教育学校教师的教学反思情况进行调查（多选），结果显示，从反思比例上，98.3%的特殊教育教师都会进行教学反思，其中，经常反思的教师占 65.9%。

从反思方式上，广东省特殊教育学校教师最常使用的教学反思方式是与同事讨论（71.9%）和写教学日记（43.4%），部分教师会通过观摩录像（29.9%）、作业分析（27.2%）、整理教案（26.8%）和分析同行及专业意见（21.4%）进行教学反思，如图 3-8 所示。

六、广东省特殊教育学校教材使用情况

根据《教育部办公厅关于印发 2020 年中小学教学用书目录的通知》（教材厅函〔2020〕1 号）的要求，广东省教育厅下发《关于 2020 年中小学教学用书有关事项及秋季目录征订工作的通知》（粤教材函〔2020〕2号）。该文件要求："特殊教育学校义务教育阶段相关学科使用《2020 年特殊教育学校国家课程教学用书目录》中的教材。特殊教育学校义务教育

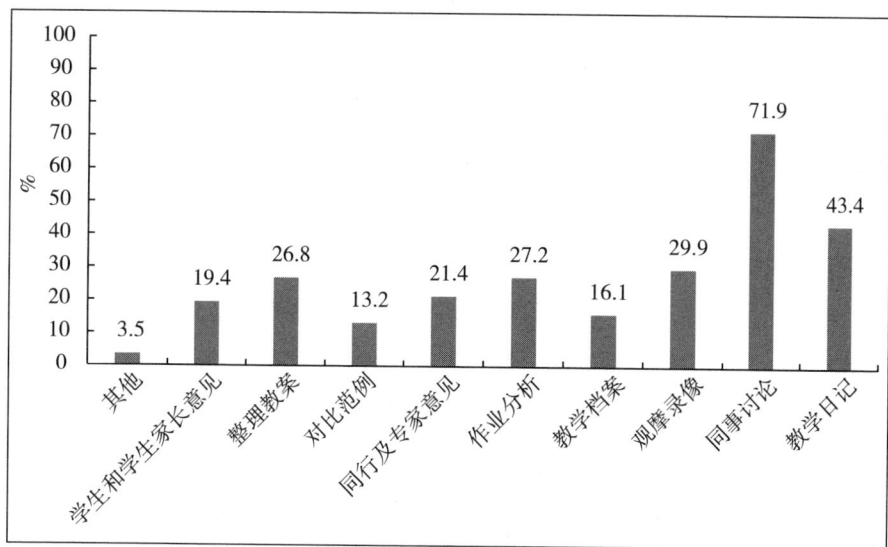

图 3-8　广东省特殊教育学校教师经常使用的教学反思方式

阶段盲校道德与法治九年级上下册、信息技术三年级上下册、聋校道德与法治三年级上下册、沟通与交往三年级上下册、美术三年级上下册，培智学校生活语文四年级上下册教材正在组织审核，教材使用工作另行通知。其他没有新编教材的学科和年级仍使用原版本教材。"一般来说，对于广东省特殊教育学校使用的教材，分为国家指定教材和国家未指定教材两类。笔者就广东省各类特殊教育学校的教材使用情况进行调研，结果如图3-9所示。

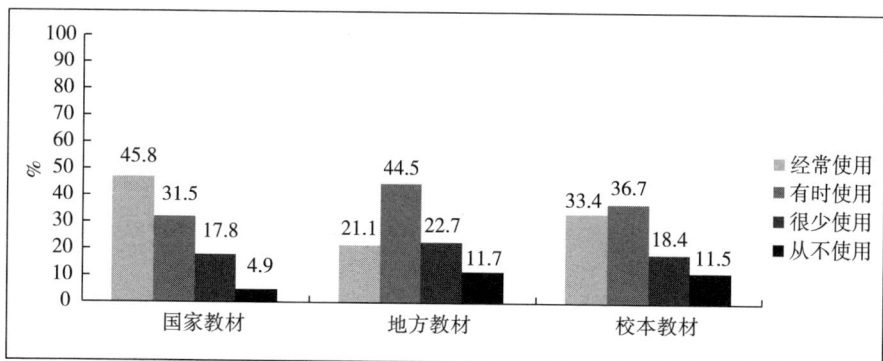

图 3-9　广东省特殊教育学校教材使用情况

目前广东省特殊教育学校在国家教材、地方教材和校本教材的使用中,国家教材经常使用比例最高,占 45.8%;地方教材有时使用的比例最高,占 44.5%;校本教材有时使用的比例最高,占 36.7%。也就是说,三类教材中,国家教材是经常被使用的,地方教材和校本教材有时会使用,这与对特殊教育学校教材使用的规定有关。从教育部到广东省教育厅,均对特殊教育学校义务教育阶段相关学科的教材做出规定,规范了一些学科使用国家教材。对于某些没有国家教材的学科,或没有新编教材的学科和年级,学校可以自行使用校本教材或地方教材。为了满足特殊教育学校学生的个别化教育需求,有的教师自编校本教材,以满足教学需求。

七、广东省特殊教育学校教师认为需要提高的能力情况

不断提升教师的综合能力,对深化特殊教育改革,针对性提高教师能力,增强师资力量,建设高素质专业化教师队伍具有重要意义。笔者对广东省特殊教育学校教师认为需要提高的能力进行调研。

如图 3-10 所示,教师认为自身需要提高的能力排名前四位的分别是:教师间合作能力、个别化教学能力、教学研究能力和教学技能。具体地说,39.2%的教师认为需要提升教师间合作能力,35.4%的教师认为需要

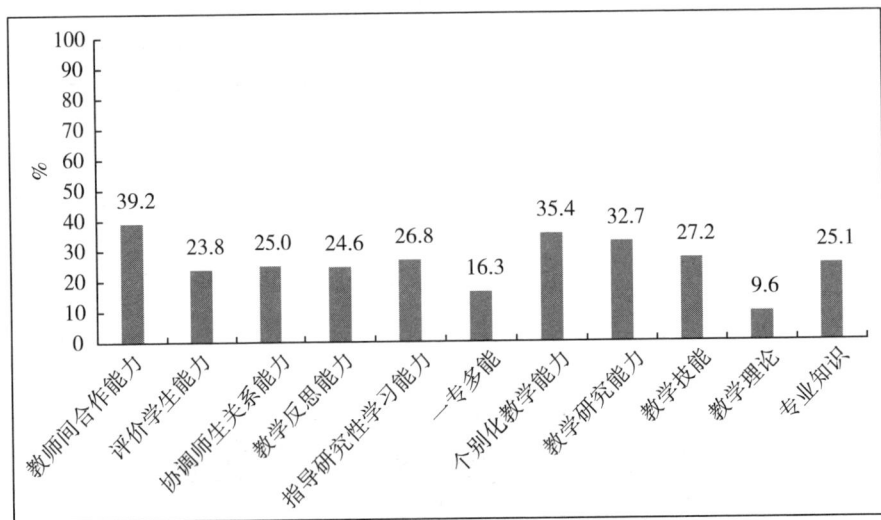

图 3-10 广东省特殊教育学校认为需要提高的能力

提升个别化教学能力，32.7%的教师认为需要提升教学研究能力，27.2%的教师认为需要提升教学技能。此外，还有一部分教师认为需要提升指导研究性学习能力、专业知识、协调师生关系能力、教学反思能力、评价学生能力等。

从广东省的情况看，结合调研样本的专业背景可以发现，无论是非特教专业还是特教专业的特教教师，教师的专业知识和教学理论相对扎实，对这两种能力的需求较低。但出于对提高教育质量的要求，教师对提升教师间合作能力、个别化教学能力的需求相对较高。

第二节 广东省特殊教育学校教师专业知识分析

为了完善教师队伍建设标准体系，引领高素质特殊教育教师人才培养，促进特殊教育内涵发展，2015年教育部制定了《特殊教育教师专业标准（试行）》（以下简称《标准》），从专业理念与师德、专业知识和专业能力三个方面对特殊教育教师提出要求，并在《标准》中指出，本标准是各级教育行政部门对特殊教育教师队伍建设的基本依据，是特殊教育教师培养培训的主要依据，是特殊教育学校（机构）教师管理的重要依据和特殊教育教师自身发展的基本依据。在专业知识方面，《标准》规定教师需要在学生发展知识、学科知识、教育教学知识和通识性知识四类17条内容进行提升。针对广东省特殊教育学校教师的专业知识掌握情况，笔者通过特殊教育基础知识、视力障碍儿童少年教育基础知识、听力障碍儿童少年教育基础知识、智力障碍儿童少年教育基础知识、孤独症儿童少年教育基础知识和多重障碍儿童少年教育基础知识等目前特殊教育学校常见的不同障碍类别进行调查和分析。

一、广东省特殊教育学校教师的特殊教育基础知识情况

本次调研内容主要包括特殊教育基本理论、特殊教育历史、特殊教育政策法规和特殊教育的医学基础4类特殊教育基础知识。笔者请教师对这

4 类知识的重要程度进行判断，包括"非常重要""比较重要""不太重要"和"不重要"4 个等级。同时，教师还需要对各类知识的掌握情况进行等级判断，包括"完全掌握""大部分掌握""部分掌握"和"未掌握"4 种情况。具体统计结果见表 3-1。

表 3-1　广东省特殊教育学校教师对特殊教育基础知识重要程度的认识及掌握情况（%）

内容	掌握情况	重要程度			
		非常重要	比较重要	不太重要	不重要
特殊教育基本理论	完全掌握	5.6	0.4	0.0	0.3
	大部分掌握	30.6	15.0	0.4	0.0
	部分掌握	30.6	13.0	0.7	0.0
	未掌握	2.0	1.3	0.1	0.0
特殊教育历史	完全掌握	5.1	0.3	0.0	0.1
	大部分掌握	13.9	15.7	1.0	0
	部分掌握	19.8	30.0	6.0	0.3
	未掌握	2.3	2.9	2.2	0.4
特殊教育政策法规	完全掌握	6.9	0.3	0.0	0.1
	大部分掌握	18.5	13.5	0.7	0.0
	部分掌握	28.8	23.0	2.7	0.1
	未掌握	2.2	2.9	0.3	0.1
特殊教育的医学基础	完全掌握	4.6	0.3	0.0	0.1
	大部分掌握	10.8	11.2	0.5	0.0
	部分掌握	25.7	22.2	2.9	0.0
	未掌握	10.7	9.8	1.2	0.0

从表 3-1 可以看出，对以上 4 类知识，特殊教育学校教师对其重要程度有比较一致的认可，相比较而言，教师们认为"非常重要"和"比较重要"的依次为：特殊教育基本理论（98.5%）、特殊教育政策法规（96.1%）、特殊教育的医学基础（95.4%）、特殊教育历史（90.0%）。从

特殊教育基础知识的掌握情况来看，达到"完全掌握"及"大部分掌握"的比例依次为：特殊教育基本理论（6.3%，46.0%）、特殊教育政策法规（7.3%，32.7%）、特殊教育历史（5.5%，30.6%）、特殊教育的医学基础（5.0%，22.5%）。

由此可以看出，广东省特殊教育学校教师对特殊教育基本理论仅过半数认为绝大部分掌握，对于特殊教育政策法规、特殊教育历史和特殊教育医学基础的掌握程度依次下降。尤其是对特殊教育的医学基础，有70%以上的教师掌握程度较差。

二、广东省特殊教育学校教师的视力障碍儿童少年教育基础知识情况

针对教育对象中有视力障碍儿童少年的教师，笔者向其调研包括视力障碍儿童少年的生理特点、心理特点、学习特点、教育需求、盲文基础和定向行走6类视力障碍教育中的基础知识，请其对这6类知识的重要程度以及掌握情况进行判断，统计结果见表3-2。

表3-2　广东省特殊教育学校教师对视力障碍儿童少年教育
基础知识重要程度的认识及掌握情况（%）

内容	掌握情况	重要程度			
		非常重要	比较重要	不太重要	不重要
视力障碍儿童少年生理特点	完全掌握	7.0	1.2	0.0	0.0
	大部分掌握	11.5	15.6	0.3	0.0
	部分掌握	21.3	17.8	1.8	0.1
	未掌握	13.6	8.7	1.0	0.1
视力障碍儿童少年心理特点	完全掌握	6.7	0.5	0.0	0.0
	大部分掌握	10.9	14.3	0.9	0.0
	部分掌握	24.3	17.5	1.7	0.1
	未掌握	14.3	7.7	1.0	0.1

续表

内容	掌握情况	重要程度			
		非常重要	比较重要	不太重要	不重要
视力障碍儿童少年学习特点	完全掌握	6.7	1.0	0.0	0.0
	大部分掌握	11.7	13.9	0.7	0.0
	部分掌握	22.7	16.9	1.8	0.0
	未掌握	14.6	8.6	1.3	0.1
视力障碍儿童少年教育需求	完全掌握	6.7	0.7	0.0	0.0
	大部分掌握	12.1	13.5	0.7	0.0
	部分掌握	23.6	15.6	2.2	0.0
	未掌握	14.1	8.9	1.8	0.1
盲文基础	完全掌握	4.7	0.6	0.0	0.0
	大部分掌握	4.8	10.4	0.9	0.0
	部分掌握	11.2	10.9	3.4	0.1
	未掌握	27.3	20.6	4.4	0.7
定向行走	完全掌握	5.9	0.4	0.0	0.0
	大部分掌握	8.6	11.1	0.9	0.0
	部分掌握	16.3	16.4	3.4	0.1
	未掌握	21.9	12.6	2.0	0.4

从表3-2可以看出，对以上6类知识，教师认为重要程度依次为视力障碍儿童少年生理特点（96.7%）、视力障碍儿童少年心理特点（96.2%）、视力障碍儿童少年学习特点（96.1%）、视力障碍儿童少年教育需求（95.2%）、定向行走（93.2%）、盲文基础（90.5%）。从视力障碍儿童教育基础知识的掌握情况来看，教师达到"完全掌握"及"大部分掌握"的比例较低，依次为视力障碍儿童少年生理特点（35.6%）、视力障碍儿童少年学习特点（34.0%）、视力障碍儿童少年教育需求（33.7%）、视力障碍儿童少年心理特点（33.3%）、定向行走（26.9%）

以及盲文基础（21.4%）。在相关知识和技能掌握方面，认为某类知识重要，但自己并未掌握的教师在盲文基础和定向行走的比例分别占据前两位，分别占47.9%和34.5%，其他调研内容的排序为视力障碍儿童少年的学习特点（23.2%）、教育需求（23.0%）、生理特点（22.3%）和心理特点（22.0%）。

三、广东省特殊教育学校教师的听力障碍儿童少年教育基础知识情况

针对教育对象中有听力障碍儿童少年的教师，笔者对其调研包括听力障碍儿童少年的生理特点、心理特点、学习特点、教育需求和手语基础5类听障儿童少年教育基础知识，请其对这5类知识的重要程度以及掌握情况进行等级判断，统计结果见表3-3。

表3-3　广东省特殊教育学校教师对听力障碍儿童少年教育
基础知识重要程度的认识及掌握情况（%）

内容	掌握情况	重要程度			
		非常重要	比较重要	不太重要	不重要
听力障碍儿童少年生理特点	完全掌握	8.5	0.8	0.0	0.0
	大部分掌握	16.3	17.7	0.8	0.0
	部分掌握	20.3	17.7	2.3	0.1
	未掌握	8.8	5.5	0.4	0.8
听力障碍儿童少年心理特点	完全掌握	7.8	1.0	0.0	0.0
	大部分掌握	15.9	18.2	0.9	0.0
	部分掌握	20.7	17.8	1.7	0.3
	未掌握	9.5	4.9	0.5	0.8
听力障碍儿童少年学习特点	完全掌握	7.9	0.9	0.0	0.0
	大部分掌握	16.5	18.2	0.5	0.0
	部分掌握	20.2	17.2	2.0	0.0
	未掌握	9.7	5.3	0.9	0.7

内容	掌握情况	重要程度			
		非常重要	比较重要	不太重要	不重要
听力障碍儿童少年教育需求	完全掌握	8.1	0.8	0.1	0.0
	大部分掌握	16.4	16.7	1.8	0.0
	部分掌握	21.0	17.1	1.4	0.0
	未掌握	9.5	6.4	0.7	0.0
手语基础	完全掌握	6.9	0.5	0.0	0.0
	大部分掌握	10.4	14.5	0.7	0.0
	部分掌握	24.7	14.1	2.3	0.0
	未掌握	15.5	9.0	0.7	0.7

从表3-3可以看出，对以上5类知识，教师认为重要程度依次为听力障碍儿童少年教育需求（96.0%）、听力障碍儿童少年学习特点（95.9%）、听力障碍儿童少年心理特点（95.8%）、听力障碍儿童少年生理特点（95.6%）和手语基础（95.6%）。从听力障碍儿童少年教育基础知识的掌握情况来看，达到"完全掌握"及"大部分掌握"的比例在45%以下，其中手语基础的"完全掌握"和"大部分掌握"加起来仅为33.0%。认为某类知识重要，但自己并未掌握的教师仍占据一定比例，依次为：手语基础（24.5%）、听力障碍儿童少年的教育需求（15.9%）、听力障碍儿童少年学习特点（15.0%）、听力障碍儿童少年心理特点（14.4%）和听力障碍儿童少年生理特点（14.3%）。

四、广东省特殊教育学校教师的智力障碍儿童少年教育基础知识情况

针对教育对象中有智力障碍儿童少年的教师，笔者对其调研包括智力障碍儿童少年的生理特点、心理特点、学习特点和教育需求4类智力障碍儿童少年教育的基础知识，请其对这4类知识的重要程度以及掌握情况进行等级判断，统计结果见表3-4。

表3-4　广东省特殊教育学校教师对智力障碍儿童少年教育

基础知识重要程度的认识及掌握情况（％）

内容	掌握情况	重要程度			
		非常重要	比较重要	不太重要	不重要
智力障碍儿童少年生理特点	完全掌握	11.3	0.5	0.1	0.0
	大部分掌握	27.6	23.3	0.4	0.0
	部分掌握	20.3	10.4	1.7	0.0
	未掌握	1.9	1.9	0.3	0.3
智力障碍儿童少年心理特点	完全掌握	11.2	0.4	0.0	0.0
	大部分掌握	27.6	22.5	0.5	0.0
	部分掌握	20.6	11.3	1.3	0.0
	未掌握	2.3	2.0	0.0	0.3
智力障碍儿童少年学习特点	完全掌握	10.9	1.0	0.0	0.1
	大部分掌握	29.3	22.7	0.6	0.0
	部分掌握	18.5	10.5	1.6	0.0
	未掌握	2.5	1.7	0.3	0.3
智力障碍儿童少年教育需求	完全掌握	11.6	0.5	0.0	0.0
	大部分掌握	27.9	21.9	0.7	0.0
	部分掌握	20.4	10.9	1.6	0.3
	未掌握	2.1	1.7	0.1	0.3

从表3-4可以看出，对以上4类知识，超过97％的教师认为对其工作非常重要。从智力障碍儿童少年教育基础知识的掌握情况来看，达到"完全掌握"及"大部分掌握"的比例均为60％左右，依次为智力障碍儿童少年学习特点（64.6％）、智力障碍儿童少年生理特点（63.2％）、智力障碍儿童少年教育需求（62.6％）和智力障碍儿童少年心理特点（62.2％）。认为该类知识重要，但并未掌握的教师比例在3.8％~4.3％之间，在6种障碍类型中比例最低，表示特殊教育学校教师对智力障碍儿童少年相关教育基础知识普

遍掌握程度较好。

五、广东省特殊教育学校教师的孤独症儿童少年教育基础知识情况

针对孤独症儿童少年教育，笔者列举包括孤独症儿童少年的生理特点、心理特点、学习特点和教育需求 4 类特殊教育基础知识，请教育对象中有孤独症儿童少年的教师对这 4 类知识的重要程度以及掌握情况进行等级判断，统计结果见表 3-5。

表 3-5　广东省特殊教育学校教师对孤独症儿童少年教育
基础知识重要程度的认识及掌握情况（%）

内容	掌握情况	重要程度			
		非常重要	比较重要	不太重要	不重要
孤独症儿童少年生理特点	完全掌握	9.4	0.0	0.0	0.0
	大部分掌握	22.7	21.7	0.8	0.0
	部分掌握	25.8	12.1	1.4	0.0
	未掌握	3.8	2.0	0.0	0.3
孤独症儿童少年心理特点	完全掌握	8.5	1.0	0.0	0.0
	大部分掌握	22.1	20.4	0.7	0.0
	部分掌握	27.3	12.1	1.7	0.0
	未掌握	4.0	1.8	0.0	0.4
孤独症儿童少年学习特点	完全掌握	9.0	0.1	0.0	0.0
	大部分掌握	22.1	21.6	0.5	0.0
	部分掌握	27.0	11.6	1.7	0.0
	未掌握	3.8	2.2	0.1	0.3
孤独症儿童少年教育需求	完全掌握	8.5	0.3	0.0	0.0
	大部分掌握	20.7	21.5	0.7	0.0
	部分掌握	27.6	12.2	1.3	0.4
	未掌握	4.2	2.2	0.1	0.3

从表 3-5 可以看出，对以上 4 类知识，97% 左右的教师认为对其工作非常重要。就孤独症儿童少年教育基础知识的掌握情况来看，达到"完全掌握"及"大部分掌握"的比例均为 50% 左右，依次为：孤独症儿童少年生理特点（54.6%）、孤独症儿童少年学习特点（53.3%）、孤独症儿童少年心理特点（52.7%）、孤独症儿童少年教育需求（51.7%）。认为该类知识重要，但并未掌握的教师的比例为 5.8%~6.5%。

六、广东省特殊教育学校教师的多重残疾儿童少年教育基础知识情况

针对多重残疾儿童少年教育，笔者调研包括多重残疾儿童少年的生理特点、心理特点、学习特点和教育需求 4 类特殊教育基础知识，请教育对象中有多重残疾儿童少年的教师对这 4 类知识的重要程度以及掌握情况进行等级判断，统计结果见表 3-6。

表 3-6　广东省特殊教育学校教师对多重残疾儿童少年教育
基础知识重要程度的认识及掌握情况（%）

内容	掌握情况	重要程度			
		非常重要	比较重要	不太重要	不重要
多重残疾儿童少年生理特点	完全掌握	7.0	0.4	0.0	0.0
	大部分掌握	16.5	18.9	0.7	0.0
	部分掌握	30.5	15.5	1.6	0.0
	未掌握	5.1	3.3	0.1	0.4
多重残疾儿童少年心理特点	完全掌握	6.6	0.9	0	0
	大部分掌握	16.7	18.5	0.4	0
	部分掌握	29.9	16.5	1.6	0.1
	未掌握	5.5	3	0	0.3
多重残疾儿童少年学习特点	完全掌握	6.4	0.4	0.1	0.0
	大部分掌握	16.5	19.4	0.5	0.0
	部分掌握	30.1	15.9	1.8	0.3
	未掌握	5.6	2.6	0.1	0.3

续表

内容	掌握情况	重要程度			
		非常重要	比较重要	不太重要	不重要
多重残疾儿童少年教育需求	完全掌握	7.3	0.4	0.0	0.0
	大部分掌握	15.9	18.4	0.1	0.0
	部分掌握	29.8	16.1	2.2	0.3
	未掌握	5.9	3.0	0.1	0.5

从表3-6可以看出，对以上4类知识，超过96%的教师认为对其工作非常重要。教师对多重残疾儿童少年教育基础知识的掌握情况有待提高，达到"完全掌握"及"大部分掌握"的比例依次为：多重残疾儿童少年生理特点（43.5%）、多重残疾儿童少年学习特点（43.3%）、多重残疾儿童少年心理特点（43.1%）、多重残疾儿童少年教育需求（42.1%）。认为该类知识重要，但并未掌握的教师比例为8.2%~8.9%。

第三节 广东省特殊教育学校教师的专业能力分析

特殊教育教师的专业能力是指特殊教育教师能够顺利开展特殊儿童少年教育工作的能力，包括特殊儿童少年诊断与评估、特殊教育教学设计、特殊教育教学活动组织与实施、特殊儿童少年康复训练、特殊儿童少年教育评价、特殊儿童少年行为管理、班级经营与管理等。从特殊儿童少年诊断评估、制订个别化教育计划、设计教育教学活动，到具体实施教学活动和康复训练，再到与特殊儿童少年、同事、家长的合作等，均要求特殊教育教师具有较强的专业能力。这些能力关乎特殊儿童少年教育工作顺利开展的方方面面，是特殊教育教师胜任本职工作的必要条件。针对特殊教育教师的专业特点，笔者调研涉及特殊儿童少年诊断与评估、个别化教育计划、特殊儿童少年行为管理、感知与运动训练、心理辅导、语言训练、康复、家长沟通、班级管理等。

一、广东省特殊教育学校教师的特殊教育专业能力情况

与前述相同，笔者请特殊教育学校教师就各项能力对工作的重要程度进行判断，包括"非常重要""比较重要""不太重要""不重要"4个等级。同时，请教师对各项技能的掌握情况进行等级判断，包括"完全掌握""大部分掌握""部分掌握""未掌握"4种情况。统计结果见表3-7。

表3-7 广东省特殊教育学校教师对特殊教育专业
能力重要程度的认识及掌握情况（%）

内容	掌握情况	重要程度			
		非常重要	比较重要	不太重要	不重要
特殊儿童少年诊断与评估	完全掌握	10.4	1.2	0.3	0.0
	大部分掌握	17.2	19.5	0.0	0.0
	部分掌握	30.5	13.8	0.8	0.0
	未掌握	4.9	1.4	0.0	0.0
个别化教育计划制定与实施	完全掌握	10.9	1.6	0.2	0.0
	大部分掌握	22.5	18.4	0.9	0.0
	部分掌握	27.7	12.0	1.0	0.0
	未掌握	3.4	1.4	0.0	0.0
特殊儿童少年行为管理	完全掌握	11.3	1.4	0.4	0.0
	大部分掌握	18.4	17.8	0.7	0.0
	部分掌握	31.9	12.2	0.5	0.0
	未掌握	4.4	1.0	0.0	0.0
特殊儿童少年感知与运动训练	完全掌握	10.9	1.7	0.0	0.0
	大部分掌握	15.4	17.7	0.9	0.1
	部分掌握	30.6	13.5	0.9	0.0
	未掌握	6.1	2.2	0.0	0.0

续表

内容	掌握情况	重要程度			
		非常重要	比较重要	不太重要	不重要
特殊儿童少年心理辅导	完全掌握	8.5	2.0	0.4	0.3
	大部分掌握	14.5	18.5	0.4	0.0
	部分掌握	29.0	17.0	2.6	0.3
	未掌握	3.6	2.7	0.1	0.1
特殊儿童少年语言训练	完全掌握	9.3	1.7	0.3	0.3
	大部分掌握	14.2	17.6	0.7	0.0
	部分掌握	29.3	15.7	3.3	0.1
	未掌握	4.7	2.6	0.1	0.1
特殊儿童少年康复	完全掌握	8.8	1.6	0.4	0.3
	大部分掌握	13.3	17.3	0.4	0.0
	部分掌握	28.9	16.5	2.7	0.0
	未掌握	6.9	2.7	0.1	0.1
特殊儿童少年家长工作	完全掌握	10.3	0.9	0.0	0.0
	大部分掌握	22.8	20.1	0.4	0.0
	部分掌握	24.9	15.5	1.2	0.0
	未掌握	2.6	1.3	0.0	0.0
特殊教育教学研究	完全掌握	8.3	0.9	0.0	0.0
	大部分掌握	16.8	18.5	0.1	0.0
	部分掌握	29.3	16.5	2.2	0.0
	未掌握	4.6	2.6	0.1	0.1
特殊教育学校班级管理	完全掌握	11.4	0.5	0.0	0.0
	大部分掌握	24.9	20.8	0.3	0.0
	部分掌握	25.0	12.9	1.0	0.0
	未掌握	1.7	1.4	0.1	0.0

续表

内容	掌握情况	重要程度			
		非常重要	比较重要	不太重要	不重要
特殊儿童少年早期干预	完全掌握	9.0	0.8	0.0	0.0
	大部分掌握	16.9	16.0	0.4	0.0
	部分掌握	34.1	13.3	1.3	0.0
	未掌握	6.4	1.6	0.1	0.1
特殊儿童少年职业教育	完全掌握	8.2	0.7	0.0	0.0
	大部分掌握	16.0	18.3	0.5	0.0
	部分掌握	31.6	14.8	0.9	0.0
	未掌握	6.0	2.8	0.2	0.0

表3-7显示，超过90%的教师认为下述专业能力对自己的工作比较重要或非常重要：特殊儿童少年诊断与评估、个别化教育计划制定与实施、特殊儿童少年行为管理、特殊儿童少年感知与运动训练、特殊儿童少年心理辅导、特殊儿童少年语言训练、特殊儿童少年康复、特殊儿童少年家长工作、特殊教育教学研究、特殊教育学校班级管理、特殊儿童少年早期干预和特殊儿童少年职业教育。

广东省特殊教育学校教师对特殊教育专业能力的掌握有所欠缺，达到"完全掌握"及"大部分掌握"的比例仅为39.6%~57.8%，掌握相对较好的依次为特殊教育学校班级管理（57.9%）、特殊儿童少年家长工作（54.6%）、个别化教育计划制定与实施（54.5%）、特殊儿童少年行为管理（50.0%）、特殊儿童少年诊断与评估（48.6%）、特殊儿童少年感知与运动训练（46.7%）、特殊儿童少年心理辅导（44.6%）、特殊教育教学研究（44.6%）、特殊儿童少年语言训练（44.1%）、特殊儿童少年职业教育（43.7%）、特殊儿童少年早期干预（43.1%）、特殊儿童少年康复（42.1%）。

广东省特殊教育学校教师认为某项技能重要而自己尚未掌握的比例为3.2%~9.8%，从高到低依次为特殊儿童少年康复（9.6%）、特殊儿少年职业教育（8.8%）、特殊儿童少年感知与运动训练（8.3%）、特殊儿童少年早期干预（8.0%）、特殊儿童少年语言训练（7.3%）、特殊教育教学研究（7.2%）、特殊儿童少年心理辅导（6.3%）、特殊儿童少年诊断与评估（6.3%）、特殊儿童少年行为管理（5.4%）、个别化教育计划制定与实施（4.8%）、特殊儿童少年家长工作（3.9%）和特殊教育学校班级管理（3.1%）。

二、广东省特殊教育学校教师的教材教法能力情况

笔者请特殊教育学校教师对特殊教育教材教法的重要程度以及掌握情况做出等级判断，统计结果见表3-8。

表3-8　广东省特殊教育学校教师对特殊教育教材
教法重要程度的认识及掌握情况（%）

内容	掌握情况	重要程度			
		非常重要	比较重要	不太重要	不重要
教材选用	完全掌握	12.3	1.7	0.3	0.0
	大部分掌握	25.9	26.3	1.7	0.1
	部分掌握	16.4	12.3	1.7	0.1
	未掌握	0.8	0.4	0.0	0.0
课程与教学理论	完全掌握	10.3	2.2	0.3	0.0
	大部分掌握	23.7	25.2	0.9	0.1
	部分掌握	18.2	14.5	2.1	0.4
	未掌握	1.3	0.8	0.0	0.0
设计教学方案	完全掌握	13.9	2.1	0.0	0.0
	大部分掌握	28.8	25.0	1.0	0.0
	部分掌握	15.8	10.5	1.7	0.2
	未掌握	0.5	0.5	0.0	0.0

续表

内容	掌握情况	重要程度			
		非常重要	比较重要	不太重要	不重要
基本教学技能	完全掌握	14.3	2.0	0.1	0.0
	大部分掌握	29.3	24.4	0.7	0.0
	部分掌握	16.7	9.4	1.8	0.1
	未掌握	0.7	0.4	0.0	0.1
教学评估	完全掌握	11.6	1.3	0.1	0.0
	大部分掌握	23.2	24.1	0.7	0.1
	部分掌握	20.9	13.4	1.7	0.1
	未掌握	1.6	1.2	0.0	0.0
调整课程难度与进度	完全掌握	11.8	1.8	0.4	0.0
	大部分掌握	26.5	24.5	1.4	0.0
	部分掌握	17.8	12.0	1.8	0.1
	未掌握	1.2	0.6	0.0	0.1
课程教学管理	完全掌握	13.8	1.0	0.0	0.0
	大部分掌握	28.3	24.2	0.5	0.0
	部分掌握	16.5	12.1	2.1	0.1
	未掌握	0.7	0.7	0.0	0.0
选用特殊教具	完全掌握	11.5	1.6	0.0	0.0
	大部分掌握	24.3	24.6	0.8	0.0
	部分掌握	17.8	14.6	2.0	0.1
	未掌握	1.6	1.0	0.1	0.0

表 3-8 显示，95%以上的教师均认为教材教法对于自己的工作非常重要或比较重要，而且教师对教材教法的掌握情况较好，"完全掌握"及"大部分掌握"的比例都超过 60%，具体排序依次为：基本教学技能（70.8%）、设计教学方案（70.8%）、选用教材（68.3%）、课堂教学管理

（67.8%）、调整课程难度与进度（66.4%）、使用特殊教具（62.8%）、课程与教学理论（62.7%）和教学评估（61.1%）。但也存在 1%～2.8% 的教师认为教材教法所提到的 8 个方面很重要，但自己并未掌握。

第四章　广东省特殊教育学校
教师的专业发展分析

随着我国特殊教育事业的不断发展，全面提高特殊教育教学质量已成为特殊教育领域改革的主要目标，而实现这一目标的关键是培养一支数量充足、相对稳定、具有较高专业化水平的特殊教育师资队伍。教师的专业化水平是影响教育教学的重要因素之一。提升教师的专业化水平成为广东省特殊教育师资建设的重点，尤其是目前广东省一部分特殊教育学校专任教师没有特殊教育专业背景，职前没有接受过特殊教育的专业训练，这些更加凸显职后培训的重要性。

《国家中长期教育改革和发展规划纲要（2010—2020年）》指出："提高教师业务水平，完善培养培训体系，做好培养培训规划，优化队伍结构，提高教师专业水平和教学能力，通过研修培训、学术交流、项目资助等方式，培养教育教学骨干、'双师型'教师、学术带头人和校长，造就一批教学名师和学科领军人才。"该纲要将特殊教育发展工程列入重大项目和改革试点中，要求强化特殊教育教师专业培训，提高其教育教学水平。

教育部等七部门联合制定的《特殊教育提升计划（2014—2016年）》中的重点任务之一是提升特殊教育教学质量，包括扩大特殊教育教师培养规模，加大特殊教育教师培训力度，提高特殊教育教师的专业化水平，具体措施包含加大国家级教师培训计划中特殊教育教师培训的比重，采取集中培训和远程培训相结合的方式，逐级开展特殊教育教师全员培训和校长、骨干教师培训。《广东省特殊教育提升计划（2014—2016年）》进一步指出，加强特殊教育教师培训工作，把特殊教育教师培训纳入广东省"强师工程"，并在经费投入上予以倾斜。采取集中培训和远程培训相结合的方式，省市县分级负责对特殊教育巡回指导教师、特殊教育学校教师以及普通学校、儿童福利机构、残疾儿童康复教育机构从事特殊教育的教师实行全员培训。省负责组织开展特殊教育学校校长和骨干教师培训工作，各地可依托高等学校、特殊教育学校建设特殊教育教师培训基地，开展特殊教育教师培训，提高培训的专业性和针对性。①

教育部等部门联合印发的《第二期特殊教育提升计划（2017—2020年）》仍然将提升特殊教育质量作为重点任务之一，要求加大对特殊教育教师的培训力度，对特殊教育教师实行5年一周期不少于360学时的全员培训，提高其专业化水平。《广东省第二期特殊教育提升计划（2017—2020年）》中继续把特殊教育教师培训纳入广东省"强师工程"，并在经费投入上予以倾斜。健全分级负责的教师专业发展体系，省、市两级财政承担特殊教育学校教师培训的经费。

综上，一系列中央和地方文件的出台说明特殊教育教师培训和专业发展的重要性。特殊教育学校教师只有具备较高的专业化水平，才可能在教学过程中较好地选择适合特殊儿童少年的教学内容和教学方法，真正做到因材施教，提高特殊儿童少年的身心健康发展和社会适应水平。

专业知识和专业技能是专业资格的核心。而知识和技能的专业化是一个长期而持续的过程，必须随时代和技术发展不断进行更新。教师培训跨越教师专业发展路径的各个阶段，贯通职前教育、入职培训和在职专业发展，是教师实现持续性专业成长的必要助力。笔者调研广东省特殊教育学校教师的专业准备情况、以往培训状况及其需求动机，以期有利于增强培训的针对性与实效性，建立健全广东省特殊教育学校教师培训机制，进一步提升广东省特殊教育发展水平。

---

①广东省人民政府办公厅：广东省人民政府办公厅关于转发省教育厅等部门《广东省特殊教育提升计划（2014—2016年）》的通知，http：//www.gd.gov.cn/gkmlpt/content/0/143/post_143118.html#7。

第一节　广东省特殊教育学校教师专业准备分析

特殊教育学校教师专业准备是指特殊教育学校教师入职前为促进其专业素养提升和职业生涯发展而做出的一系列预备活动，如入职前的学历取得情况、职前培训等。良好的特殊教育学校教师入职准备，既能提高教师的专业素养，也为教师以后的职业生涯发展打下坚实的基础。笔者就广东省特殊教育学校教师专业准备的内容、新任教师培训的课时等情况进行了调研。

一、广东省特殊教育学校教师专业准备内容情况

教师在从事教学工作之前所修读的课程是教师专业准备的重要组成部分，笔者对广东省特殊教育学校教师从教前所修课程进行统计分析，结果见表4-1。

表4-1　广东省特殊教育学校教师从教前专业准备情况

专业准备内容	参与人数（N=768）	占总人数比例（%）
心理学	685	89.2
教育学原理	572	74.5
教材教法	507	66.0
特殊教育概论	474	61.7
教学实习	382	49.7
教学技能培训	372	48.4
教育技术	361	47.0
下乡支教	64	8.3
没有任何专业准备	26	3.4
其他	12	1.6

注：此题为多选题，因此所占比例总计大于100%。

从表 4-1 可以看出，对教师专业准备内容按占总人数比例从高到低排列，排名前四的修读课程依次是：心理学（所占比例为 89.2%）、教育学原理（所占比例为 74.5%）、教材教法（所占比例为 66.0%）、特殊教育概论（所占比例为 61.7%）。而有 3.4% 的教师没有任何专业准备。从统计数据可以看出，有近 40% 的教师在担任特殊教育学校教师之前未修读过特殊教育课程，而 3.4% 的教师没有任何有关教育学、心理学或者教学实习等方面的专业准备，这些问题教育主管部门要引起重视。

二、广东省特殊教育学校新任教师培训情况

新任教师是指完成了职前教育课程，毕业后直接进入各类学校，从事教育工作未满三年，在专业知识和业务能力等方面还存在不足的专任教师，也包括进行学科转换或从其他类型学校调来未满三年的教师。笔者对广东省特殊教育学校新任教师接受培训的总课时数进行统计分析，结果如图 4-1 所示。

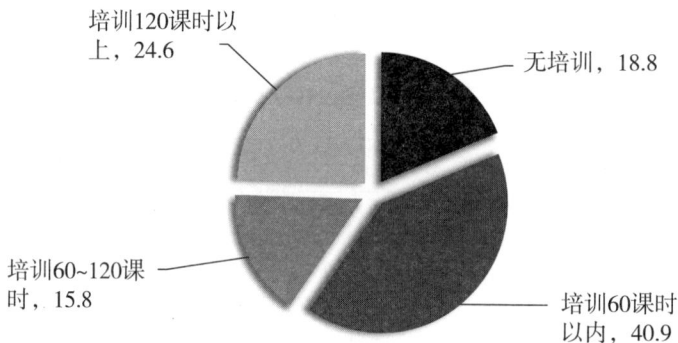

图 4-1　广东省特殊教育学校新任教师培训情况（%）

从图 4-1 可以看出，广东省特殊教育学校新任教师参加培训的课时数存在较大的差异，其中，新任教师培训在 60 课时以内的教师所占比例最高，为 40.9%；参加培训的时间为 120 课时以上的教师占比为 24.6%；培训在 60~120 课时的教师占比为 15.8%；18.8% 的教师没有接受过新任教师培训，直接上岗。

第二节 广东省特殊教育学校教师在职培训分析

教师在职培训在教师职业生涯发展和专业发展过程中起着非常重要的作用。笔者从特殊教育学校教师在从教第一年有无带教教师及是否有帮助、从业过程中在职培训的类型和频率、接受学历教育和非学历教育的状况等方面展开调研。

一、广东省特殊教育学校教师带教情况及其有效性评价情况

带教教师制度，也称为"师徒制"，是教师培训过程中较为传统的一种方式，旨在让带教教师帮助新任教师更快地成长和发展。新任教师通过对资深教师教学实践的观察、模仿以及资深教师的具体指导，逐渐感悟教学经验或缄默知识，不断掌握专业技能和教育艺术。本节对广东省特殊教育学校教师带教情况及有效性评价进行统计分析，结果见表4-2。

表4-2 广东省特殊教育学校教师带教情况及其有效性评价

项目		有带教		无带教	
		人数	占总人数比例（%）	人数	占总人数比例（%）
带教情况		535	69.7	233	30.3
有效性评价	没有帮助	66	8.6	—	—
	有些帮助	182	23.7	—	—
	非常有帮助	520	67.7	—	—

注："有无带教"一题有效问卷为768份，评价带教有效性一题有效问卷数为535份，百分比统计基于此数据。

从表4-2可以看出，在从教第一年，有带教教师的新任特殊教育学校教师人数占接近70%，有30.3%的教师在从教第一年没有带教教师。而在有带教教师的群体中，认为带教非常有帮助的占67.7%，即91.4%的有带教的教师认为带教对其有帮助，仅8.6%的教师认为对其没有帮助。因此，

从特殊教育学校教师的主观评价来看，新任教师对带教教师的认可度非常高，90%以上的带教教师能为新任教师提供帮助。

二、广东省特殊教育学校教师过去两年参加进修、培训、专业发展活动的总课时数情况

笔者对教师过去两年参加进修、培训、专业发展活动的总课时数进行调研，结果见表4-3。

表4-3 广东省特殊教育学校教师过去两年参加进修、培训、
专业发展活动的总课时数情况

进修、培训、专业发展活动类型	有效问卷（N = 768）	课时分布情况			
		0（%）	1~60（%）	61~120（%）	>120（%）
高校或其他进修机构的培训、讲座	768	12.6	53.2	21.2	13.0
其他学校听课、评课教研活动等	768	15.5	63.5	13.2	7.8
本校听课、评课教研活动等	768	4.7	64.7	19.9	10.7
教学或学科研讨会、会议、培训（不含本校例行教研活动）	768	9.2	65.5	17.1	8.2
其他	768	21.7	57.4	13.5	7.3

从表4-3可以看出，有53.2%~65.5%的特殊教育教师过去两年参加进修、培训等学时在60课时之间，从类型上看，依次是教学或学科研讨会、会议、培训（65.5%），本校听课、评课教研活动等（64.7%），其他学校听课、评课教研活动等（63.5%），其他（57.4%），高校或其他进修机构的培训、讲座（53.2%）。过去两年参加培训课时在61~120的教师比例为13.2%~21.2%，从类型上看，依次是高校或其他进修机构的培训、讲座（21.2%），本校听课、评课教研活动等（19.9%），教学或学科研讨会、会议、培训（17.1%），其他学校听课、评课教研活动等（13.2%），其他（13.5%）。

从表4-3和图4-2可以看出，就前四类进修、培训、专业发展活动类型的课时分布来看，教师培训总课时在1~60课时所占人数比例最高，其

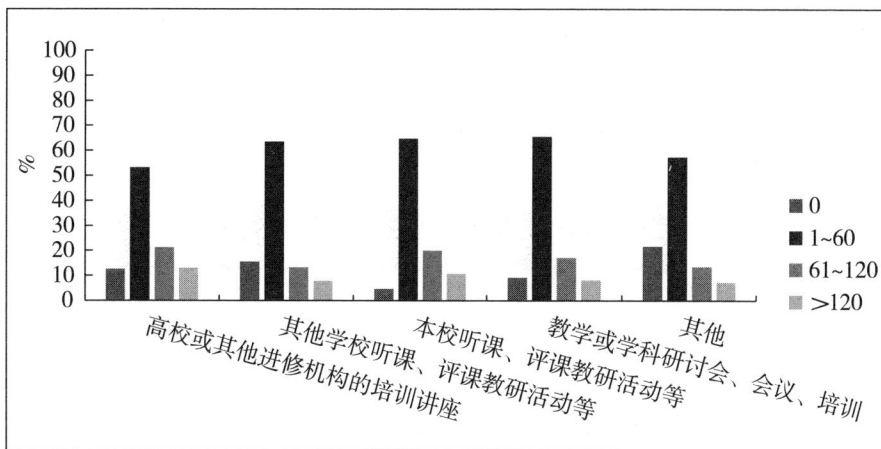

图 4-2　广东省特殊教育学校教师过去两年参加进修、培训、
专业发展活动的总课时数情况

他依次为 0 课时、61~120 课时、120 课时以上。由此得出，教师参加各类
进修、培训、专业发展活动的两年总课时数大都在 60 课时以内。

三、广东省特殊教育学校教师参加本校教研活动的情况

对特殊教育学校教师过去两年参加本校的教研活动（如教研组会议
等）情况进行统计分析，结果如图 4-3 所示。

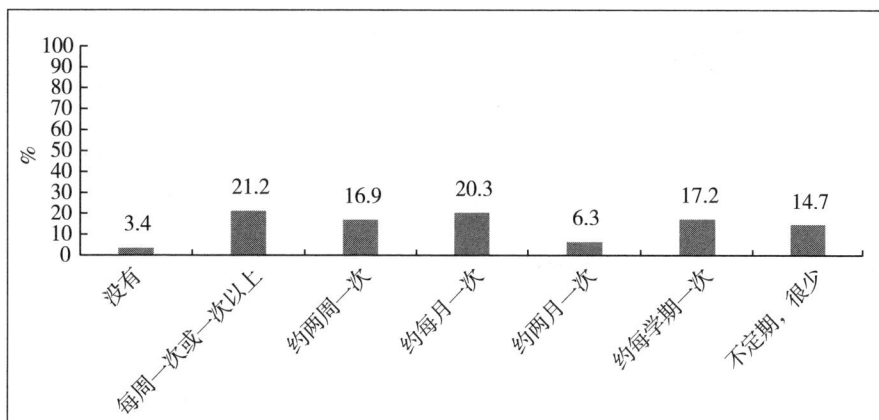

图 4-3　广东省特殊教育学校教师参加本校教研活动的情况

从图 4-3 可以看出，过去两年特殊教育学校教师参加本校教研活动

（如教研组会议等）的情况如下：每周一次或一次以上参加教研活动的教师占总人数的21.2%；20.3%的教师每月参加一次本校教研活动；部分教师参加本校教研活动的比例较低，每学期一次甚至没有参加本校教研活动的教师比例在35.3%。

四、广东省特殊教育学校教师接受在职学历教育情况

笔者对广东省特殊教育学校教师从教以来接受过的在职学历教育进行调查，统计结果见表4-4。

表4-4　广东省特殊教育学校教师接受在职学历教育情况

在职学历教育	人数（N＝768）	占总人数比例（%）
没有	132	17.2
接受过中专、高中层次的学历培训	24	3.1
接受过大专层次的学历培训	75	9.8
接受过本科层次的学历培训，未取得学位	263	34.2
接受过本科层次的学历培训，取得学士学位	215	28.0
接受过研究生层次的学历培训，未取得学位	25	3.3
接受过研究生层次的学历培训，取得硕士学位	34	4.4
接受过研究生层次的学历培训，取得博士学位	0	0

从表4-4可知，特殊教育学校教师从教以来接受在职学历教育的情况如下：接受过本科层次的学历培训但未取得学位的教师所占总人数比例最高（34.2%）；其次为接受过本科层次的学历培训已取得学士学位（28.0%）；接受过研究生层次的学历培训，取得硕士或博士学位的教师比例较低；而有17.2%的教师没有接受过在职学历教育；只有7.7%的教师接受过在职研究生层次的学历培训，却无人取得博士学位。

五、广东省特殊教育学校教师接受在职非学历教育情况

笔者对教师从教以来接受过的在职非学历教育进行调研，统计结果见表4-5。

表4-5　广东省特殊教育学校教师接受在职非学历教育情况

在职非学历培训	参与人数 （N＝768）	占总人数 比例（%）
骨干教师研修班	333	43.4
研究生课程研修班	24	3.1
旁听高校课程	49	6.4
名师基地培训	39	5.1
名师工作室	124	16.1
未参加	199	25.9

从表4-5可知，接受过在职非学历教育的教师中，参加骨干教师研修班的教师占总人数比例最高（43.4%）；其次为参加名师工作室（16.1%）和旁听高校课程（6.4%）；而研究生课程研修班人数所占比例最小（3.1%）；有25.9%的特教教师未参加过在职非学历培训。

六、广东省特殊教育学校教师接受各层次培训的情况

从教以来，广东省特殊教育学校教师接受各层次培训的情况统计结果见表4-6。

表4-6　广东省特殊教育学校教师接受各层次培训的情况

培训层次	N	未接受过 （%）	1次 （%）	2~3次 （%）	4~6次 （%）	7次及以上 （%）
国家级	768	78.7	11.2	7.6	1.7	0.8
省级	768	42.8	30.3	19.3	5.5	2.1
地市级	768	21.0	19.5	32.6	13.2	13.7
区县级	768	25.7	18.4	28.1	11.5	16.3
校级	768	9.1	9.4	18.5	13.9	49.1

从表4-6可以看出，在职的特殊教育学校教师中接受过地市级及以下的区县级和校级培训的教师所占比例较高，接受培训的次数也较多；而接

受过省级和国家级教师培训的教师所占比例较低，培训次数也较少。数据显示，只有约五分之一的教师接受过国家级的教师培训，其中接受过 4 次及以上国家级培训的教师仅 2.5%；有 60% 以上的教师接受过省级的培训，其中接受过 4 次及以上省级培训的教师有 7.6%；同时期分别有 26.9% 和 27.8% 的教师接受过 4 次及以上的地市级、区县级培训，49.1% 教师接受过 7 次及以上的校级培训。但不容忽视的是，仍有 9.1% 的教师没参加过校级培训。总体来看，在职特殊教育学校教师接受较低层次培训的机会较多，而接受较高层次培训的机会较少；随着培训级别的升高，特殊教育学校教师接受培训的次数呈下降趋势。

七、广东省特殊教育学校教师在职培训的主体情况

笔者对特殊教育学校教师从教以来接受过哪些机构举办的教师培训进行调研，结果如图 4-4 所示。

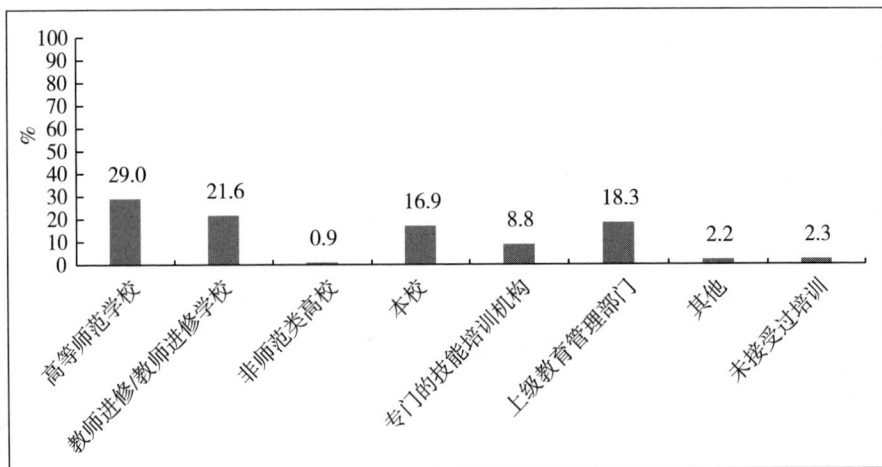

图 4-4　广东省特殊教育学校教师在职培训主办机构情况

从图 4-4 调研数据可以看出，在职教师接受培训的渠道较为丰富，大多由高等师范学校（29.0%）、教育学院或教师进修学校（21.6%）、上级教育管理部门（18.3%）、本校（16.9%）等单位负责组织，也有一定比例的特殊教育学校教师接受专门的技能培训机构组织的培训，非师范类高校和其他民间机构组织的培训较少。同时，值得注意的是，还有部分特殊

教育学校教师（2.3%）没有参加过任何单位组织的培训。

八、广东省特殊教育学校教师接受过的培训形式情况

笔者对特殊教育学校教师曾经接受过的培训形式的调研从 9 个方面展开，每位教师最多选三项，统计结果如图 4-5 所示。

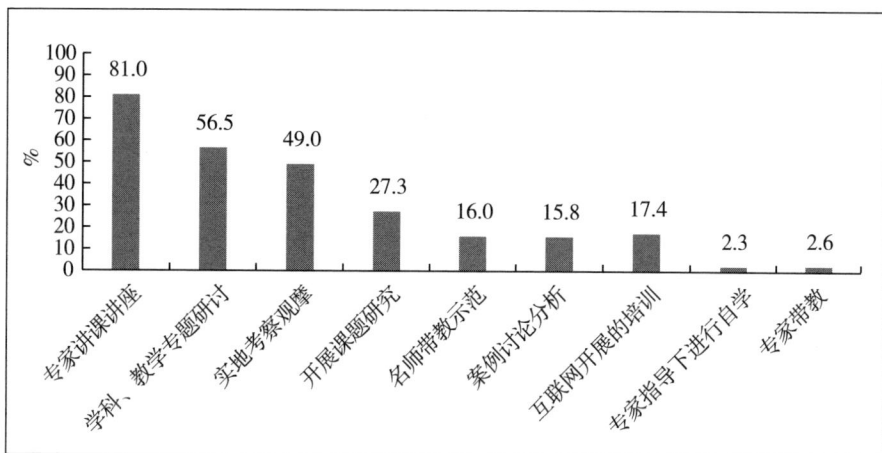

图 4-5　广东省特殊教育学校教师接受过的培训形式

图 4-5 显示，特殊教育学校教师曾经接受过的培训形式以专家讲课讲座为主（81.0%），其次是学科、教学专题研讨（56.5%），其他的培训形式人数所占比例均在 50% 以下，依次是实地考察观摩（49.0%）、开展课题研究（27.3%）、互联网开展的培训（17.4%）、名师带教示范（16.0%）、案例讨论分析（15.8%）、专家带教（2.6%）、专家指导下进行自学（2.3%）。

九、广东省特殊教育学校教师接受专业培训的内容及其效果评价情况

笔者对广东省特殊教育学校教师专业培训的内容及效果进行了调研，结果见表 4-7。

从表 4-7 可以看出，在职教师培训的内容还不够全面，其中现代科技、人文社科知识和教育科学研究的内容比较欠缺，分别有 12.6% 和 8.0% 的特殊教育学校教师没有接受过这两方面的培训。相对而言，较多的在职教师接受过思想政治和师德修养教育（94.5%）、专业知识更新与扩

展（94.2%）等内容的培训。

表4-7　广东省特殊教育学校教师接受专业培训的内容及其效果评价

培训内容	人数	没有接受过（%）	没有帮助（%）	有点帮助（%）	较有帮助（%）	非常有帮助（%）
现代科技、人文社科知识的培训	768	12.6	5.6	31.0	36.2	14.6
教育科学研究	768	8.0	4.4	27.9	42.1	17.6
教育教学技能和现代教育技术	768	6.6	4.6	26.4	43.1	19.3
专业知识更新与扩展	768	5.8	4.7	22.7	44.3	22.5
思想政治和师德修养教育	768	5.5	6.5	24.9	41.9	21.2

统计数据表明，认为这些培训较有帮助或非常有帮助的比例在50.8%~66.8%；50%以上参与过培训的教师对培训内容的效果持肯定态度；认为培训没有帮助或有点帮助的比例在27.4%~36.6%；有30%左右的教师对培训内容和培训效果不尽满意。具体地说，教师对专业知识更新与扩展（66.8%）、思想政治和师德修养教育（63.1%）、教育教学技能和现代教育技术（62.4%）的培训认可度相对较高，而对教育科学研究（59.7%）、现代科技和人文社科知识（50.8%）的培训的认可度相对较低。

十、广东省特殊教育学校教师培训过程中修读的特殊教育课程情况

笔者对教师在培训过程中修读过的特殊教育课程情况进行调研（多选），统计结果见表4-8。

表 4-8　广东省特殊教育学校教师培训过程中修读的特殊教育课程情况

修读过的特殊教育课程	参与人数（N=768）	占总人数比例（%）
特殊教育概论	526	68.5
特殊儿童心理学	464	60.4
特殊教育课程与教学	464	60.4
特殊儿童评估	404	52.6
特殊教育研究方法	390	50.8
特殊儿童早期干预	326	42.4
特殊儿童康复学	254	33.0
特殊儿童病理学	135	17.6
其他	91	11.8

注：此题为多选题，因此所占比例的总计大于100%。

从表 4-8 可以看出，在培训过程中，特殊教育学校教师修读人数比例最高的课程为特殊教育概论（68.5%），其次是特殊儿童心理学（60.4%）和特殊教育课程与教学（60.4%），有一半以上的教师培训过特殊儿童评估（52.6%），修读过特殊教育研究方法的教师占教师总数的50.8%，修读过特殊儿童早期干预的教师占比为42.4%，有三分之一的教师修读过特殊儿童康复学（33.0%），不足五分之一的教师修读过特殊儿童病理学（17.6%）。此外，在培训中教师修读过的其他课程有行为管理、教育管理、小学语文教育等。

十一、广东省特殊教育学校教师接受各类培训的情况及其效果的评价情况

笔者调研在职教师接受各类型培训的情况及其培训效果的评价，设置"未接受过""没有帮助""有点帮助""较有帮助"和"非常有帮助"五个维度，统计结果见表 4-9。

表4-9　广东省特殊教育学校教师接受各类型培训的情况

培训类型	N	未接受过（％）	没有帮助（％）	有点帮助（％）	较有帮助（％）	非常有帮助（％）
校本课程	768	7.0	4.7	24.2	35.5	28.6
教育技术培训	768	8.9	4.0	22.0	37.5	27.6
新课程培训	768	10.9	3.3	21.6	36.2	28.0
班主任培训	768	14.7	3.1	18.4	35.4	28.4
岗位或职务培训	768	11.7	3.3	22.1	37.8	25.1
新任教师培训	768	10.5	3.4	22.3	36.1	27.7
骨干教师培训	768	21.2	2.7	15.5	34.0	26.6

表4-9的数据表明，广东省特殊教育学校在职教师接受培训的类型比较丰富。接受各类型培训按人数占总人数比例从高到低排序依次为校本课程（93.0％）、教育技术培训（91.1％）、新任教师培训（89.5％）、新课程培训（89.1％）、岗位或职务培训（88.3％）、班主任培训（85.3％）、骨干教师培训（78.8％）。

统计数据显示，参与过培训的教师对各类型培训表示较有帮助或非常有帮助的比例在60.6％~65.1％之间。其中，教师对教育技术培训（65.1％）、新课程培训（64.2％）和校本课程（64.1％）的认可度相对较高。

十二、广东省特殊教育学校教师接受网络教育培训的情况及对其效果的评价情况

笔者对在职教师通过互联网开展的教育培训情况及对其评价效果进行调研，设置"未接受过""效果很差""效果一般且很难改进""效果一般但前景看好"和"效果很好"五个维度，统计结果见表4-10。

表4-10的数据表明，广东省特殊教育学校在职教师通过互联网开展的教育培训情况比较理想，只有很少一部分教师没有参加过互联网开展的培训。其中，没有参加全国教师教育网络、区域教师教育网络和行业、专业、学科网培训的教师所占比例分别为14.1％、10.2％和11.1％。

表4-10　广东省特殊教育学校教师接受网络教育培训的情况及其效果评价

培训类型	N	未接受过（%）	效果很差（%）	效果一般且很难改进（%）	效果一般但前景看好（%）	效果很好（%）
全国教师教育网络	768	14.1	4.4	23.3	37.8	20.4
区域教师教育网络	768	10.2	5.2	23.2	40.9	20.5
行业、专业、学科网	768	11.1	4.3	22.5	40.2	21.9

统计数据表明，有 58.2%~62.1% 的教师认为通过不同层次的网络进行培训的效果很好或效果一般但前景看好，对开展互联网教育培训的效果持积极的态度。但仍有 26.8%~28.4% 的教师认为网络教育培训效果很差或很难改进。

第三节　广东省特殊教育学校教师参加培训动机分析

笔者对广东省特殊教育学校教师参加各类培训的主要动机从 9 个方面进行调研，每位教师最多选其中三项，调研结果如图4-6所示。

一、广东省特殊教育学校教师参加培训的动机情况

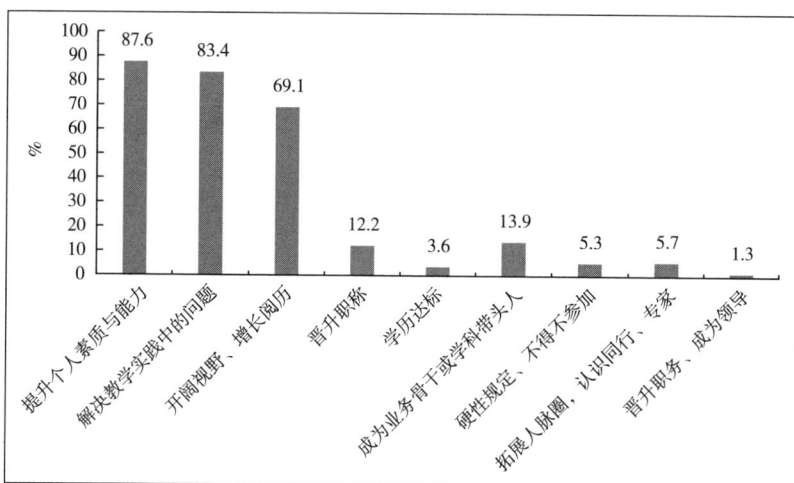

图4-6　广东省特殊教育学校教师参加各类培训的主要动机

图 4-6 的数据显示，广东省特殊教育学校教师参加各类培训的主要动机排在前三位的分别是：提升个人素质与能力（87.6%）、解决教学实践中的问题（83.4%）和开阔视野、增加阅历（69.1%），排名前三的都属于教师的内在动机；有两个超过 10% 的分别是晋升职称（12.2%）和成为业务骨干或学科带头人（13.9%），这两个属于外部动机；另外还有 5.3% 的教师参加各类培训主要是由于硬性规定，不得不参加。

二、广东省特殊教育学校教师参加培训的影响情况

笔者从教师职务晋升、岗位聘任、经济收入、教学任务、考核评价和个人生活 6 个方面考察教育培训对特殊教育学校教师的影响，调查结果见表 4-11。

由表 4-11 可知，广东省特殊教育学校教师认为参加教育培训有一定的影响或影响很大的比例在 51.9% 到 80.0% 之间，从高到低依次是教学任务（80.0%）、考核评价（72.8%）、岗位聘任（67.0%）、个人生活（67.3%）、职务晋升（64.2%），有 48.1% 的教师认为参加教育培训对自己的经济收入没有影响或影响很小。

表 4-11　参加培训对广东省特殊教育学校教师的影响（%）

	N	没有影响	影响很小	有一定影响	影响很大
职务晋升	768	16.0	19.8	51.6	12.6
岗位聘任	768	13.7	19.3	52.5	14.5
经济收入	768	22.9	25.2	40.6	11.3
教学任务	768	7.4	12.6	57.0	23.0
考核评价	768	9.9	17.3	53.9	18.9
个人生活	768	10.2	22.5	52.6	14.7

三、广东省特殊教育学校教师培训内容的需求

对特殊教育学校教师目前需要培训的内容，笔者从 10 个方面展开调研，每位教师最多选三项，统计结果见图 4-7。

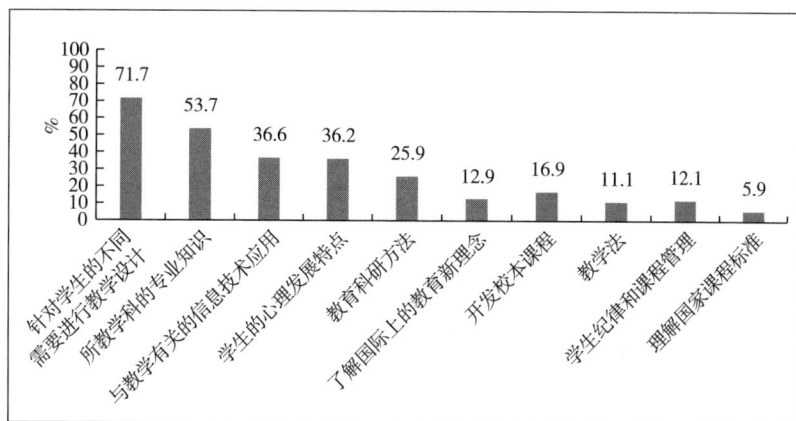

图 4-7 广东省特殊教育学校教师目前需要培训的内容

图 4-7 显示，目前特殊教育学校教师需要培训的内容排在前五位的依次是：针对学生的不同需要进行教学设计（71.7%）、所教学科的专业知识（53.7%）、与教学有关的信息技术应用（36.6%）、学生的心理发展特点（36.2%）、教育科研方法（25.9%），有这 5 个需求的人数所占比例均在 25% 以上；有 4 个需求的人数所占比例超过 10%，分别是：了解国际上的教育新理念（12.9%）、开发校本课程（16.9%）、教学法（11.1%）、学生纪律和课程管理（12.1%）；对理解国家课程标准的培训需求不高，仅有 5.9% 的教师认为需要进行培训。

另外，笔者还对特殊教育教师目前需要的技能培训进行调研，以多选题的形式呈现，结果见图 4-8。

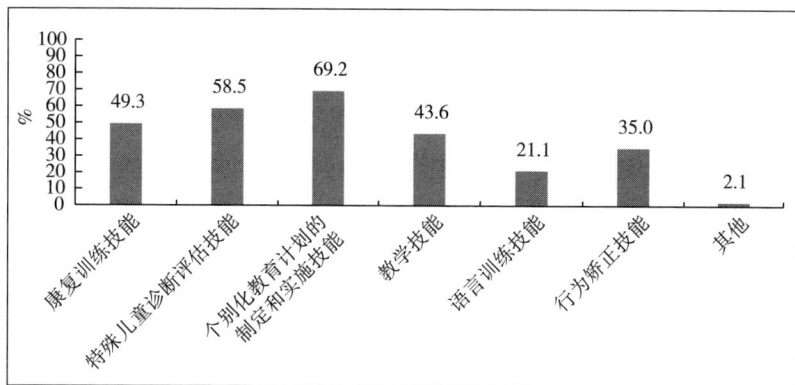

图 4-8 广东省特殊教育学校教师目前需要的技能培训

从图 4-8 可以看出，目前广东省特殊教育学校教师需要的技能培训排在前三位的是：个别化教育计划的制定和实施技能（69.2%）、特殊儿童诊断评估技能（58.5%）、康复训练技能（49.3%）。其次，特殊教育学校教师对教学技能（43.6%）、行为矫正技能（35.0%）和语言训练技能（21.1%）也有一定的培训需求。

四、广东省特殊教育学校教师培训时间安排的需求情况

笔者对广东省特殊教育学校教师培训时间安排的需求进了调查，结果如图 4-9 所示。

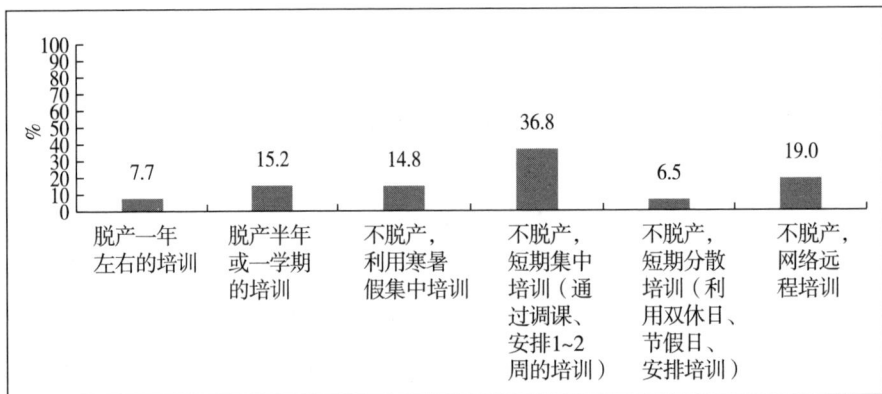

图 4-9　广东省特殊教育学校教师对培训时间安排的需求

数据显示，有 36.8% 的教师希望接受不脱产、短期集中培训（通过调课安排 1 至 2 周的培训），19.0% 的教师希望不脱产，网络远程培训，仅有 6.5% 的教师希望利用双休日、节假日、晚上的时间安排 1 至 2 周的短期分散培训。希望脱产进行培训半年或一年的教师比例在 22.9%。

五、广东省特殊教育学校教师培训形式的需求情况

笔者在考察广东省特殊教育学校教师对培训形式的需求的题目中列出 9 种培训形式，每位教师最多选三项，统计结果如图 4-10 所示。

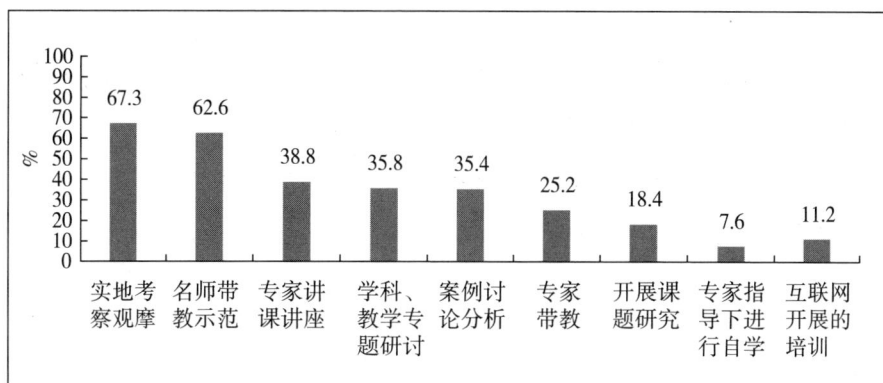

图 4-10　广东省特殊教育学校教师对培训形式的需求

从上图可知，广东省特殊教育学校教师最希望接受的培训形式是实地考察观摩（67.3%）。接下来依次是：名师带教示范（62.6%）、专家讲课讲座（38.8%）、学科教学专题研讨（35.8%）、案例讨论分析（35.4%）等。互联网开展的培训和专家指导下进行自学所占比例最小。

六、广东省特殊教育学校教师最需要专业培训的从教时间情况

将在职教师最需要专业培训的时间分为从教 1 至 2 年、3 至 5 年、6 至 8 年、9 至 11 年和 12 年及以上 5 个时间段，笔者对得到的有效数据进行统计，结果如图 4-11 所示。

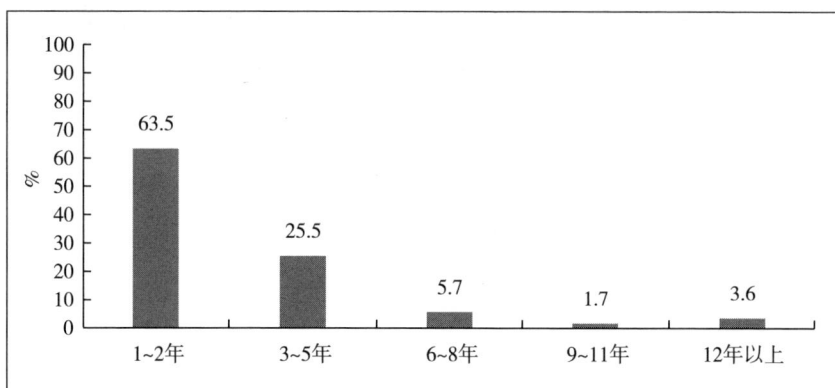

图 4-11　广东省特殊教育学校在职教师最需要专业培训的从教时间情况

图 4-11 显示，在职教师从教 5 年内接受专业进修或培训的需求最强

烈，有 63.5% 的特教教师认为从教 1 至 2 年最需要专业进修或培训，25.5% 的特教教师认为从教 3 至 5 年最需要专业进修或培训。从教时间 6 年以上，需要接受专业培训的教师比例为 11.0%。

七、广东省特殊教育学校教师参加相关协会或组织情况

笔者对特殊教育学校教师参加特教专业和教学相关的协会或组织的情况进行调研，统计结果如图 4-12 所示。

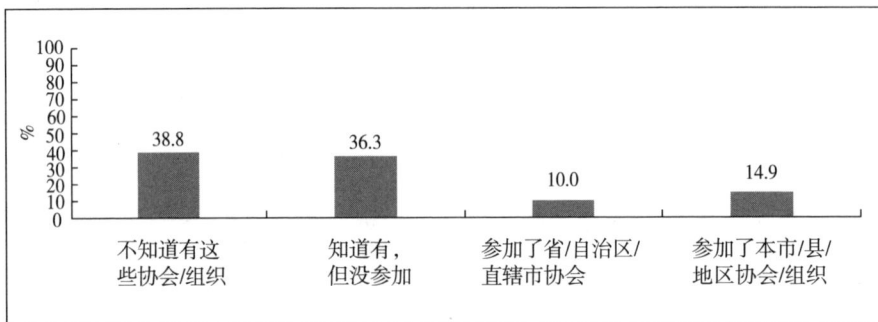

图 4-12　广东省特殊教育学校教师参加相关协会或组织情况

结果显示，广东省特殊教育学校有 24.9% 的教师参加了相关的协会或组织；有 36.3% 的教师知道有相关的协会或组织，但并未参加；有 38.8% 的教师不知道有相关的专业协会或组织。

八、对广东省特殊教育学校教师专业发展产生影响的人群情况

笔者对各类人员促进特殊教育学校教师专业发展所产生的影响进行调研，包括学校领导、经验丰富的教师、所在年级组的同事、所在学科组的同事、校外同行、校外专家、学生家长、学生等八类人群，按照"几乎没有影响""有些影响""较大影响""重要影响"四个等级进行评定，调研结果见表 4-12。

表4-12　对广东省特殊教育学校教师专业发展产生影响的人群及影响程度

人群	N	几乎没有影响（%）	有些影响（%）	较大影响（%）	重要影响（%）
学校领导	768	9.3	31.1	36.7	22.9
经验丰富的教师	768	3.3	18.9	49.0	28.8
所在年级组的同事	768	4.3	29.0	47.3	19.4
所在学科组的同事	768	4.8	27.6	47.5	20.1
校外同行	768	8.3	38.7	37.1	15.9
校外专家	768	6.0	31.8	41.8	20.4
学生家长	768	7.9	37.8	38.8	15.5
学生	768	6.1	28.1	42.8	23.0

调研结果显示，广东省特殊教育学校教师中认为经验丰富的教师对其专业发展有较大或重要影响的人数比例最大，占77.8%，接下来依次为所在学科组的同事、所在年级组的同事、学生、校外专家，分别占比67.5%、66.7%、65.8%、62.2%，这五类人数所占比例均为60%多。在对教师的专业发展几乎不产生影响的人员中，学校领导排在第一位，占9.3%，其次是校外同行（8.3%）、学生家长（7.9%）。

第五章　广东省特殊教育学校
教师职业状况

近年来，特殊教育事业取得长足的进展。从党的十八大明确提出"支持特殊教育"，到党的十九大"办好特殊教育"，再到党的二十大报告"强化特殊教育普惠发展"，党和国家对发展特殊教育的战略定位不断提升。

《"十四五"特殊教育发展提升行动计划》提出"推动特殊教育高质量发展"的新时代新使命。而特殊教育教师是特殊儿童少年接受公正、适当的教育的重要保障。随着我国特殊教育发展从偏重"增量"向"提质"转化，对特殊教育师资队伍的质量要求也越来越高。由于职业的特殊性，特教教师每天都要面对一群异质性高、需要个性化服务的特殊学生，属于"高情绪劳动"及"高风险"群体，且很难从学生身上获得职业成就感和满足感，极易过度消耗情感资源[1]。同时，特殊教育事业高质量发展要求特殊教育教师的素养更加具有"复合性"，不仅要成为教学型特殊教育学校教师，还要成为康复型和巡回指导型特殊教育学校教师[2]。面对不同的专业角色要求，特殊教育学校教师需要具备不同的专业素质，高强度的工作内容和角色变化使特殊教育教师容易产生心理倦怠，影响其成长和发展，甚至影响职业发展和教育教学质量。

---

[1] 王滔、武海栋：《职业压力对特殊教育教师离职意向的影响：一个有调节的中介模型》，《中国特殊教育》2017 年第 1 期，第 12—18 页。

[2] 王雁：《中国特殊教育教师发展报告 2018》，北京师范大学出版社 2020 年版，第 212—214 页。

　　唐佳益、王雁根据国际上对特殊教育教师的相关研究做了文献计量分析[1]，结果发现，近 5 年国际特殊教育教师的研究热点之一是教师心理变量的影响因素及干预方法，如特殊教育效能感、职业倦怠、教师压力影响因素及干预方法等。与普通教育教师相比，特殊教育教师更易在工作中产生情感倦怠、心理资源透支等负性心理状态，需要持续关注特殊教育教师心理健康，尤其需要加强消极心理作用机制和干预方法相关研究，并探证更多积极心理变量。近年来也有研究对特殊教育学校教师的心理状况通过积极心理训练、团体沙盘游戏等进行干预，以便提高特殊教育教师的职业幸福感[2]。笔者对广东省特殊教育学校教师的职业认同、工作满意度、职业倦怠、自尊和自我效能等进行调研，旨在了解广东省特殊教育学校教师的职业状况，为特殊教育学校教师的专业化发展提供理论支持和政策建议。

第一节　广东省特殊教育学校教师职业认同分析

　　一般来说，教师的职业认同深刻影响着他们工作的动力和状态。职业认同是指个体在与外界环境的接触中，逐渐了解、接受与认可所从事的职业，能自觉将职业规范内化到职业行为中，使自己的职业角色与社会期望达成一致[3]。职业认同高的教师在工作中主动性和自觉性更强，离职意向低，职业幸福感强；职业认同低的教师容易出现工作满意度低，离职意向高，职业倦怠的情况。近年来，随着政策环境的支持，越来越多的研究者重视特殊教育教师群体的发展状况，其职业认同受到广泛关注。本节从广东省特殊教育学校教师的情感认同、价值认同、专业认同和发展认同四个

---

　　[1]唐佳益、王雁：《近五年国际特殊教育教师研究热点及内容分析》，《中国特殊教育》2021年第 9 期，第 73—81 页。

　　[2]张珂：《支持性小组介入特殊教育教师职业倦怠缓解的研究》，青岛理工大学硕士论文，2022 年。

　　[3]陈立、杨鹃：《职业认同与特殊教育教师离职倾向、工作满意度的关系研究》，《中国特殊教育》2017 年第 2 期，第 25—30 页。

维度来探讨特殊教育学校教师的职业认同状况。

一、广东省特殊教育学校教师的职业情感认同情况

情感作为一种非理性的存在，在一定程度上预设着我们的行为。特殊教育学校教师对特殊教育工作的情感认同，预设着教师在工作中的价值实践。因此，特殊教育教师职业情感认同是教师从事特殊教育事业的基础。对广东省特殊教育学校教师是否喜爱特殊教育的调查结果见表 5-1。99.7%的教师喜欢特殊教育，只有 0.3%的教师不喜欢自己的职业。

表 5-1　广东省特殊教育学校教师喜欢特殊教育情况

认同情况	人数（N=768）	占总人数比例（%）
喜欢教师职业	766	99.7
不喜欢教师职业	2	0.3

这个调研结果显然是非常乐观的。李凤英等人 2010 年的调研结果显示[1]，只有 48.3%的特殊教育学校教师喜欢特殊教育职业。与十年前相比，广东省特殊教育学校教师对特殊教育职业的情感认同有了很大的提高。情感上的认同才有可能在工作中更加有动力，主动性和自觉性才会更高。

为了了解不同背景变项（性别、年龄、教龄、特教教龄、职称、专业背景）对广东省特殊教育学校教师的职业认同中情感认同的影响，笔者分别从不同背景变项对情感认同情况进行方差分析，结果发现不同背景变项的特殊教育学校教师在情感认同上没有显著差异。这说明背景变项不是影响特殊教育学校教师情感认同的因素。

二、广东省特殊教育学校教师的职业价值认同情况

特殊教育教师职业价值认同指的是特殊教育教师对特殊教育本身蕴含的价值认可、接受，并愿意投入该工作的过程。只有树立正确的职业价值观，充分认识到特殊教育工作的重要意义和价值，才能提高教师的工作积极性。本调研结果如图 5-1 所示。

---

[1]李凤英、郭俊峰、沈光银，等：《广东省特殊教育学校师资建设现状及对策研究》，《中国特殊教育》2010 年第 1 期，第 64—68 页。

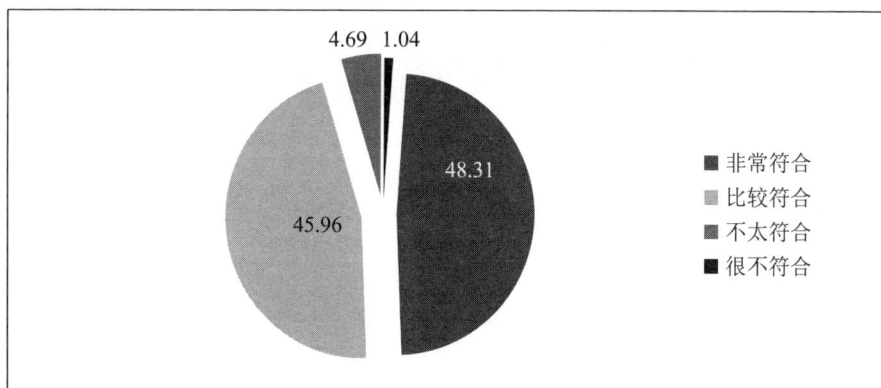

图 5-1　广东省特殊教育学校教师"特殊教育工作有意义和价值"的调查结果（％）

从图 5-1 中数据可以看出，广东省特殊教育学校 94.27% 的教师比较肯定和非常肯定特殊教育工作的价值，4.69% 的教师不太肯定特殊教育工作的价值，1.04% 的教师非常不肯定特殊教育工作的价值。与喜欢特殊教育职业的教师比例相比，可以看出 5.73% 的教师喜欢该职业却不太肯定或非常不肯定其价值。这些教师有情感认同的基础，如果领导或其他专业人员能对他们加以引导，广东省特殊教育学校教师对特殊教育工作的价值认同能进一步提升。

除了特殊教育教师自陈其对特殊教育工作的意义和价值外，笔者还对一般教育效能感进行调研。一般教育效能感指教师对教育在学生发展中作用等问题的一般看法与判断，即教师是否相信教育能够克服社会、家庭及学生本身素质对学生的消极影响，有效地促进学生的发展。

笔者采用俞国良[1]等人编制的一般教育效能感量表对广东省特殊教育学校教师进行调研，调查结果见表 5-2。

---

[1]俞国良、辛涛、申继亮：《教师教学效能感：结构与影响因素的研究》，《心理学报》1995年第 2 期，第 159—166 页。

表 5-2　广东省特殊教育学校教师的一般教育效能感情况

一般教育效能感	非常同意		同意		不同意		非常不同意	
	N	%	N	%	N	%	N	%
1. 一个班的学生总会有好有差，教师不可能把每个学生都教成好学生	132	17.19	463	60.29	149	19.40	24	3.12
2. 一般来说，学生变成什么样是先天决定的	54	7.03	185	24.09	440	57.29	89	11.59
3. 一般来说，学生变成什么样是由家庭和社会决定的，教育很难改变	52	6.77	198	25.78	433	56.38	85	11.07
4. 教师对学生的影响小于家长的影响	51	6.64	186	24.22	439	57.16	92	11.98
5. 一个学生能学到什么程度主要与他的家庭状况有关	73	9.50	394	51.30	274	35.68	27	3.52
6. 如果一个学生在家里就没有规矩，那么他在学校也变不好	64	8.33	370	48.18	291	37.89	43	5.60
7. 考虑所有因素，教师对学生成绩的影响力是很小的	46	5.99	200	26.04	453	58.98	69	8.99
8. 即使一个教师有能力，也有热情，他也很难同时改变许多差生	65	8.46	380	49.48	274	35.68	49	6.38
9. 好学生你一教他就会，差生再教也没用	45	5.86	191	24.87	430	55.99	102	13.28
10. 教师虽能提高学生的成绩，但对学生品德的培养没有什么好的办法	45	5.86	190	24.74	415	54.04	118	15.36

表 5-2 的数据显示，广东省特殊教育学校教师对教育在学生发展中的作用持较积极的态度，10 项中的 6 项（2、3、4、7、9、10）都有 60% 多的教师"非常不同意"或"不同意"观测指标中的消极判断。但对"一个学生能学到什么程度主要与他的家庭状况有关""如果一个学生在家里

就没有规矩，那么他在学校也变不好"以及"即使一个教师有能力，也有热情，他也很难同时改变许多差生"这三项有超过50%的教师"非常同意"或"同意"。而在"一个班的学生总会有好有差，教师不可能把每个学生都教成好学生"这一项上更是有超过70%的教师表示"非常同意"或"同意"。说明还是有相当一部分特殊教育学校教师对教育的作用和价值在一定程度上持较消极的态度，认为特殊学生能不能教好不仅仅是教师教学的结果，也与学生自身能力、家庭的支持和配合等因素有关。为何一部分特殊教育学校教师的教学效能感相对较低，究其原因，一方面，这可能与特殊教育的工作性质有关，由于学生的特殊性，教师的教学往往不能得到学生积极的反馈，付出与回报不成正比，这导致特殊教育学校教师的成就感不高[1]。另一方面，也可能反映出广东省特殊教育学校教师在专业素养上需要继续提升，以便提高其一般教育效能感。

为了进一步了解影响广东省特殊教育学校教师一般教育效能感的因素，对不同背景变项（性别、年龄、教龄、特教教龄、职称、专业背景）进行方差分析。数据分析结果表明，广东省特殊教育学校女教师（$M = 2.63$, $SD = 0.54$）的一般教育效能感高于广东省特殊教育学校男教师（$M = 2.37$, $SD = 0.65$）。两组均值的差异显著，$t\_obs(766) = -5.11$, $p < 0.05$（双尾检验），$d = 0.52$，根据 Cohen 提出的标准[2]，效应中等。因此，性别是影响广东省特殊教育学校教师一般教育效能感的重要因素。

表5-3 广东省特殊教育学校不同教龄教师一般教育效能感得分

年龄	1~5年	6~10年	11~20年	20年以上
M	2.64	2.46	2.43	2.60
SD	0.54	0.62	0.66	0.54

表5-3数据显示，广东省特殊教育学校教师的一般教育效能感在4个

---

①柴江、王军：《特殊教育教师职业认同与工作满意度的调查研究》，《中国特殊教育》2014第11期，第8—14页。

②COHEN J, "Set correlation and contingency tables", *Applied psychological measurement*, 1988, 12 (4): 425-434.

教龄阶段存在显著差异，$F(3，764)=5.72$，$p=0.001$，$\eta^2=0.01$。事后检验显示，1~5年以及20年以上教龄的教师的一般教育效能感得分显著高于6~20年教龄的教师。因此，教龄是影响广东省特殊教育学校教师一般教育效能感的重要因素，且显示出"中间低，两头高"的特点。

另外，为了比较广东省特殊教育学校教师的一般教育效能感是否有地区差异，笔者分析发现，广东省珠三角地区特殊教育学校教师（$M=2.42$，$SD=0.58$）的一般教育效能感与广东省粤东西北地区特殊教育学校教师（$M=2.45$，$SD=0.58$）的一般教育效能感两组均值没有显著差异，$t_{obs}(766)=-0.76$，$p>0.05$（双尾检验），广东省特殊教育学校教师的一般教育效能感不存在地区差异。

三、广东省特殊教育学校教师的专业认同情况

特殊教育教师的专业认同情况主要从教师从教动机和离职意向两个维度展开。教师职业动机是指直接推动教师从事教育教学活动以满足教师某种心理需要的内部心理状态[①]。从教动机的强弱直接影响教师从教期间的工作态度及继续从教意愿。笔者主要对广东省特殊教育学校教师选择做教师的动机（多选）及离职意向进行调研，结果见表5-4。

从表5-4可知，广东省特殊教育学校教师选择该职业的动机主要包括读的是师范专业（71.09%）、工作和收入稳定（41.93%）、自己的理想（37.50%）、受家人影响（15.63%），别无选择的人数比例仅11.85%。

表5-4 广东省特殊教育学校教师的从教动机情况

择业动机	人数（N=768）	占总人数比例（%）
读的是师范专业	546	71.09
工作、收入稳定	322	41.93
自己的理想	288	37.50
受家人影响	120	15.63

[①]王沛、陈淑娟：《教师从教质量标准——教师工作胜任特征及其模型建构理论》，《上海师范大学学报（哲学社会科学版）》2008年第5期，第99—104页。

续表

择业动机	人数（N=768）	占总人数比例（%）
受某位教师影响	98	12.76
别无选择	91	11.85
其他动机	75	9.77
社会地位	38	4.95
不喜欢其他职业	10	1.30

注：因选项可多选，故百分比之和大于100%。

目前，特殊教育教师队伍是流失率较高的群体。一部分教师会想方设法转入普通学校，一部分教师也会选择离开教师队伍。因此，特殊教育学校教师是否有离职意向，以及离职动机（多选）也是我们的调研内容，调查结果见表5-5和表5-6。

表5-5 广东省特殊教育学校教师的离职意向情况

是否考虑过不做教师	人数（N=768）	占总人数比例（%）
是	199	25.91
否	569	74.09

调研结果表明，广东省特殊教育学校25.91%的教师考虑过不做教师，主要原因排在前四位的依次是工作压力太大（45.73%）、收入太低（44.72%）、工作满足不了个人发展（32.66%）以及工作太辛苦（24.12%）。

表5-6 广东省特殊教育学校教师考虑离职的原因

考虑离职的原因	人数（N=199）	占总人数比例（%）	考虑离职的原因	人数（N=199）	占总人数比例（%）
工作压力太大	91	45.73	工作中的困难太多	22	11.06
收入太低	89	44.72	对领导不满	11	5.53
工作满足不了个人发展	65	32.66	对学生家长不满	2	1.00

考虑离职的原因	人数（N＝199）	占总人数比例（%）	考虑离职的原因	人数（N＝199）	占总人数比例（%）
工作太辛苦	48	24.12	家人、朋友、恋人对自己的工作不满	1	0.50
教师的社会声望低	34	17.09	对同事不满	1	0.50
厌倦了这份工作，想改变	34	17.09	对学生不满	0	0.00
有更好的工作选择	27	13.57	其他	18	9.05

注：因选项可多选，故百分比之和大于100%。

为了进一步了解性别、年龄、职称、教龄以及专业背景等背景变项对广东省特殊教育学校教师离职意向的影响，对背景变项进行方差分析，结果见表5-7。

表5-7　不同背景变项下广东省特殊教育学校教师离职意向的差异情况

背景变项		是否考虑过不做教师		x^2	p 值
		是（N＝199）	否（N＝569）		
年龄（N/%）	25 岁以内	59（29.65）	113（19.86）	20.220***	＜0.000
	26~35 岁	83（41.71）	195（34.27）		
	36~45 岁	38（19.10）	154（27.07）		
	46~55 岁	18（9.05）	104（18.28）		
	56 岁以上	1（0.50）	3（0.53）		

续表

背景变项		是否考虑过不做教师		x^2	p 值
		是 （N=199）	否 （N=569）		
职称 （N/%）	无职称	56（28.14）	121（21.27）	11.350*	0.023
	初级职称	70（35.18）	163（28.65）		
	中级职称	56（28.14）	208（36.56）		
	高级职称	15（7.54）	71（12.48）		
	其他	2（1.01）	6（1.05）		
教龄 （N/%）	1~5年	101（50.75）	218（38.31）	15.516**	0.001
	6~10年	33（16.58）	79（13.88）		
	11~20年	29（14.57）	96（16.87）		
	20年以上	36（18.09）	176（30.93）		
专业背景 （N/%）	特教专业	121（60.80）	269（47.28）	10.796**	0.001
	非特教专业	78（39.20）	300（52.72）		

注：$p^* < 0.05$，$p^{**} < 0.01$，$p^{***} < 0.001$。

从年龄上看，广东省特殊教育学校教师的离职意向的差异极其显著（$x^2 = 20.22$，$p < 0.001$），35岁及以下的教师比36~55岁的教师更多地考虑过不做教师。

从职称来看，广东省特殊教育学校教师的离职意向的差异显著（$x^2 = 11.35$，$p < 0.05$），"无职称"和"初级职称"的教师相较"中级职称""高级职称"的离职意向更高。

从教龄上看，广东省特殊教育学校教师的离职意向的差异显著（$x^2 = 15.516$，$p < 0.01$），1~5年教龄的教师比20年以上教龄的教师更多地考虑过不做教师，而在"没有考虑过不做教师"上，20年以上教龄的教师较6~10年教龄的教师比例高17.05个百分点。

在专业背景上，广东省特殊教育学校教师的离职意向的差异显著（$x^2 = 10.796$，$p < 0.01$），特教专业背景的教师更多地考虑过不做教师。

综合上述结果看，年龄小、教龄短的特殊教育学校教师离职意向较高，没有职称或职称较低的教师离职意向较高，特教专业背景的特殊教育教师的离职意向较高。据香港特别行政区政府新闻公报报道，在2019—2020全学年、2021—2022的上学年，香港特殊教育学校教师的离职人数分别约为130人、110人及190人，流失率分别为7.1%、5.4%及9.4%[①]。特殊教育教师的离职，对受教育的学生会产生负面影响，而新任职教师在处理学生的学习或行为问题时，难免缺乏经验，因此如何重视并解决特殊教育教师流失问题，需要进一步思考。

四、广东省特殊教育学校教师的职业发展认同情况

教师的发展认同主要是教师对自身未来发展的期待。广东省特殊教育学校教师对自身最主要的三种发展期待（表5-8）依次是受学生喜欢的老师（29.17%）、教学型教师（23.05%）以及研究型教师（17.06%）。

选择受学生喜欢的教师占到近30%，表示广东省特殊教育学校教师对师生关系有较大期待。其次，希望成为教学型教师和研究型教师的教师比例在20%左右，有近15%的教师对自己的要求仅仅成为一名合格教师即可，表示大多数教师对专业发展的期待不高。

表5-8　广东省特殊教育学校教师的专业发展期待情况

教师类型	人数（N＝768）	占总人数比例（%）
受学生喜欢的教师	224	29.17
教学型教师	177	23.05
研究型教师	131	17.06
合格教师	114	14.84
成为研究型教育家	81	10.54
自得其乐型教师	34	4.43
没有什么期望	7	0.91

---

①中国香港特区立法会十七题：特殊教育，https：//www.info.gov.hk/gia/general/202211/23/P2022112300404.htm。

为了进一步了解性别、年龄、职称、教龄以及专业等背景变项对广东省特殊教育学校教师发展认同的影响，笔者对背景变项进行方差分析，结果见表5-9。

表5-9　不同背景变项下广东省特殊教育学校教师专业发展期待差异

背景变项		成为研究型教育家 (N=81)	研究型教师 (N=131)	教学型教师 (N=177)	合格教师 (N=114)	受学生喜欢的教师 (N=224)	自得其乐型教师 (N=34)	没有什么期望 (N=7)	x^2	p 值
性别 (N/%)	男	30 (37.04)	33 (25.19)	32 (18.08)	40 (35.09)	47 (20.98)	8 (23.53)	1 (14.29)	19.428 **	0.003
	女	51 (62.96)	98 (74.81)	145 (81.92)	74 (64.91)	177 (79.02)	26 (76.47)	6 (85.71)		
年龄 (N/%)	25 岁以内	17 (20.99)	33 (25.19)	45 (25.42)	25 (21.93)	43 (19.20)	6 (17.65)	3 (42.86)	60.818 ***	< 0.000
	26~35 岁	30 (37.04)	57 (43.51)	78 (44.07)	33 (28.95)	61 (27.23)	17 (50.00)	2 (28.57)		
	36~45 岁	25 (30.86)	32 (24.43)	35 (19.77)	30 (26.32)	64 (28.57)	4 (11.76)	2 (28.57)		
	46~55 岁	9 (11.11)	8 (6.11)	19 (10.73)	24 (21.05)	56 (25.00)	6 (17.65)	0		
	56 岁以上	0	1 (0.76)	0	2 (1.75)	0	1 (2.94)	0		
学历 (N/%)	初中	0	1 (0.76)	0	2 (1.75)	1 (0.45)	0	0	73.275 ***	< 0.000
	高中	0	1 (0.76)	0	0	1 (0.45)	0	0		
	中技校	0	0	1 (0.56)	1 (0.88)	1 (0.45)	0	1 (14.29)		
	大专	10 (12.35)	9 (6.87)	23 (12.99)	25 (21.93)	31 (13.84)	2 (5.88)	0		
	本科	61 (75.31)	110 (83.97)	147 (83.05)	86 (75.44)	185 (82.59)	29 (85.29)	6 (85.71)		
	研究生	10 (12.35)	10 (7.63)	6 (3.39)	0	5 (2.23)	3 (8.82)	0		
教龄 (N/%)	1~5 年	34 (41.98)	56 (42.75)	96 (54.24)	49 (42.98)	68 (30.36)	11 (32.35)	5 (71.43)	69.954 ***	< 0.000
	6~10 年	7 (8.64)	31 (23.66)	24 (13.56)	12 (10.53)	29 (12.95)	9 (26.47)	0		
	11~20 年	20 (24.69)	23 (17.56)	25 (14.12)	17 (14.91)	32 (14.29)	6 (17.65)	2 (28.57)		
	20 年以上	20 (24.69)	21 (16.03)	32 (18.08)	36 (31.58)	95 (42.41)	8 (23.53)	0		
特教教龄 (N/%)	1~5 年	43 (53.09)	74 (56.49)	118 (66.67)	74 (64.91)	112 (50.00)	13 (38.24)	6 (85.71)	41.895 **	0.001
	6~10 年	18 (22.22)	34 (25.95)	35 (19.77)	29 (25.44)	71 (31.70)	11 (32.35)	1 (14.29)		
	11~20 年	11 (13.58)	17 (12.98)	20 (11.30)	5 (4.39)	22 (9.82)	9 (26.47)	0		
	20 年以上	9 (11.11)	6 (4.58)	4 (2.26)	6 (5.26)	19 (8.48)	1 (2.94)	0		

注：p * < 0.05，p ** < 0.01，p *** < 0.001。

广东省特殊教育学校教师的专业发展认同在性别上表现出显著差异，$c^2(6, N = 768) = 19.43, p < 0.05$。有研究表明，特殊教育学校男教师的专业发展认同水平低于女教师的专业发展认同水平[1]。然而，笔者的调研结果与过去的研究结果有出入。"没有什么期望"的特殊教育学校女教师比例高于男教师。不同性别的教师大多选择期望成为"受学生喜欢的教师"。在"教学型教师"上，女教师（25.13%）比男教师（16.75%）拥有更高的期待。在成为"研究型教育家"这一选项上，男教师（15.71%）的比例显著高于女教师（8.84%），体现特殊教育学校男教师较高的职业热情和工作意愿。

广东省特殊教育学校教师的专业发展认同在年龄上表现出显著差异，$c^2(24, N = 768) = 60.82, p < 0.05$。总体而言，"25 岁以内"和"26～35 岁"主要选择"教学型教师"，"36～45 岁"和"46～55 岁"主要选择"受学生喜欢的教师"，"56 岁以上"主要选择"合格教师"。选择"研究型教师""合格教师"以及"自得其乐型教师"的人数比例在"56 岁以上"呈现激增趋势。然而，"56 岁以上"群体选择"成为研究型教育家""教学型教师"以及"受学生喜欢的教师"的人数锐减至 0。

广东省特殊教育学校教师的专业发展认同在学历上表现出显著差异，$c^2(30, N = 768) = 73.28, p < 0.05$。总体而言，有相当部分教师对专业发展前景或空间的认识较消极。"大专"和"本科"主要选择"受学生喜欢的教师"，"研究生"主要选择"成为研究型教育家"和"研究型教师"。

广东省特殊教育学校教师的专业发展认同在教龄上表现出显著差异，$c^2(18, N = 768) = 69.95, p < 0.05$。有研究证实教龄是特殊教育学校教师职业认同的重要影响因素，工作时间越长，经验越丰富，职业适应状态越好，职业认同水平更高[2]；但是，随着教龄增长，其发展性认同水平越来越低。对此，笔者的研究结果与此有所出入。选择"受学生喜欢的教师"和"合格教师"人数从"11～20 年"到"20 年以上"均出现一定比例的增长，其中"受学生喜欢的教师"的比例增幅较大，即发展认同没有随着

---

①王娇艳、王雁：《特殊教育教师的职业认同调查研究》，《教育学报》2012 年第 1 期，第 90—96 页。
②同上。

教龄的增长而降低。"6~10 年"选择"成为研究型教育家"的人数比例小幅下降，而后增长到"11~20 年"的 16.00%。然而，"6~10 年"选择"研究型教师"（27.68%）的人数比例增长较大，而后逐渐降低，下降到"11~20 年"的 18.40%、"20 年以上"的 9.91%。

广东省特殊教育学校教师的专业发展认同在特教教龄上表现出显著差异，$c^2(18, N=768)=41.90$，$p<0.05$。四个特教教龄阶段的教师主要选择"受学生喜欢的教师"，在"20 年以上"呈现激增趋势（42.22%）。选择"成为研究型教育家"的人数比例从"11~20 年"的 13.10%增长到"20 年以上"的 20.00%。选择"成为研究型教育家""研究型教师""教学型教师"以及"自得其乐型教师"的人数比例均在"11~20 年"呈现增长趋势，而后"研究型教师""教学型教师"以及"自得其乐型教师"的人数比例均在"20 年以上"呈现下降趋势。

广东省不同地区的特殊教育学校教师的专业发展认同上表现出显著差异，$c^2(6, N=768)=13.35$，$p<0.05$。由表 5-10 可知，总体而言，珠三角地区与粤东西北地区教师主要选择"受学生喜欢的教师"，其专业性发展期待偏低，选择"成为研究型教育家"的人数比例分别占两地区人数的12.56%和 8.38%。其中，珠三角地区选择"成为研究型教育家"的人数比例与粤东西北地区的人数相比，比例高出 4.18 个百分点。两个地区选择"研究型教师""教学型教师""合格教师""受学生喜欢的教师"以及"自得其乐型教师"的人数比例基本相当。而在"没有什么期望"这一选项上，粤东西北地区的人数比例（1.62%）高于珠三角地区（0.25%）。

表 5-10　广东省特殊教育学校教师专业发展期待的地区差异（%）

地区	成为研究型教育家	研究型教师	教学型教师	合格教师	受学生喜欢的教师	自得其乐型教师	没有什么期望
珠三角地区	12.56	17.84	22.61	12.31	28.90	5.53	0.25
粤东西北地区	8.38	16.22	23.51	17.57	29.46	3.24	1.62

第二节　广东省特殊教育学校教师
工作满意度分析

第一节论述了广东省特殊教育学校教师的年龄、教龄、职称和专业背景都会影响到其离职意向。除了离职意向外，工作满意度也是教师职业心理素养的重要组成部分。工作满意度较高时，特殊教育学校教师更愿意投入工作，与特殊学生进行积极的互动。教师工作满意度低会导致离职、早退等负向行为。研究发现，工作满意度是影响特殊教育教师产生离职意向的重要因素[①]，因此，提高特殊教育学校教师的工作满意度也是特殊教育事业高质量发展的重要研究课题之一。

近年来，特殊教育教师的工作满意度引起学者的重视。例如，一些学者对西藏、新疆、甘肃、海南等地区的特殊教育学校教师工作满意度进行调查，探究特殊教育教师的工作满意度与工作价值取向、教学效能感、职业认同、职业使命感、互动公平、领导信任等社会和心理因素之间的关系。研究发现，皖北地区有 35.9% 的特殊教育教师感到工作满意度较低[②]，武汉、上海等地特殊教育教师工作满意度的总体水平处于中等偏上。可见，不同地区的特殊教育教师在工作满意度上有地区差异。因此，笔者通过调研广东省特殊教育学校教师的工作满意度情况，研究不同背景的教师在工作满意度上的差异，为提高广东省特殊教育学校教师工作满意度提供可行性建议。

一、广东省特殊教育学校教师的工作满意度情况

笔者从十个维度调研广东省特殊教育学校教师的工作满意度情况。统计结果表明，广东省特殊教育学校教师工作满意度平均得分为 2.86，标准

[①]陈立、杨鹃：《职业认同与特殊教育教师离职倾向、工作满意度的关系研究》，《中国特殊教育》2017 年第 2 期，第 25—30 页。

[②]赵小云、薛桂英、徐丽丽：《特殊教育教师的学校支持感、职业使命感与工作满意度的关系》，《贵州师范大学学报（自然科学版）》2019 年第 2 期，第 109—113 页。

差为 0.49，工作满意度相对较高。具体的数据情况见表 5-11。广东省特殊教育学校超过 70% 的教师对工作本身、成就感、同事关系、领导关系、师生关系、工作环境和发展前景感到比较满意或非常满意，其中超过 90% 的教师对师生关系感到满意。而广东省特殊教育学校教师在经济收入、社会地位和得到的社会尊重三方面的满意度选择比较满意或非常满意的比例不足 70%，尤其是对经济收入的满意程度最低。

表 5-11　广东省特殊教育学校教师工作满意度状况

与工作相关的状况	很不满意		不太满意		比较满意		非常满意	
	人数（N=768）	占总人数比例（%）	人数（N=768）	占总人数比例（%）	人数（N=768）	占总人数比例（%）	人数（N=768）	占总人数比例（%）
1. 自己的工作	14	1.83	115	14.97	547	71.22	92	11.98
2. 自己的经济收入	50	6.51	238	30.99	424	55.21	56	7.29
3. 自己的社会地位	35	4.56	218	28.38	457	59.51	58	7.55
4. 自己所得到的社会尊重	31	4.04	212	27.60	466	60.68	59	7.68
5. 自己当老师精神上的满足感和成就感	19	2.47	139	18.10	521	67.84	89	11.59
6. 自己与同事的关系	11	1.43	79	10.29	570	74.22	108	14.06
7. 自己与学校领导的关系	23	2.99	111	14.46	538	70.05	96	12.50
8. 自己与学生的关系	9	1.17	56	7.29	564	73.44	139	18.10
9. 自己的工作环境	24	3.13	109	14.19	542	70.57	93	12.11
10. 自己的个人事业发展前景	34	4.43	170	22.14	494	64.32	70	9.11

二、广东省特殊教育学校教师工作满意度的差异分析

为了进一步了解广东省特殊教育学校教师工作满意度的人口学变量差异情况，笔者分别对不同背景变项如性别、年龄、教龄、特教教龄、专业背景、学校所在区域等进行方差分析，结果见表5-12。

在性别上，广东省特殊教育学校男教师（$M = 2.88$，$SD = 0.56$）的工作满意度高于广东省特殊教育学校女教师（$M = 2.85$，$SD = 0.46$）的工作满意度。两组均值的差异显著，$t_{obs}(766) = 0.56$，$p < 0.05$（双尾检验），$d = 0.06$，根据 Cohen 提出的标准，效应较小。

在专业背景上，广东省特殊教育学校非特殊教育专业背景的教师（$M = 2.88$，$SD = 0.45$）的工作满意度高于特殊教育专业背景的教师（$M = 2.83$，$SD = 0.52$）的工作满意度。两组均值的差异显著，$t_{obs}(766) = -1.38$，$p < 0.05$（双尾检验），$d = 0.10$，根据 Cohen 提出的标准，效应较小。

在年龄上，广东省特殊教育学校教师对工作的满意度在 5 个年龄段存在显著差异，$F(4, 763) = 2.39$，$p = 0.05$，$\eta^2 = 0.012$。事后检验显示，46~55 岁的教师对工作的满意度得分显著高于 25 岁以内以及 36~45 岁的教师。

在教龄上，教师对工作的满意度在 4 个教龄阶段存在显著差异，$F(3, 764) = 3.08$，$p = 0.019$，$\eta^2 = 0.012$。事后检验显示，20 年以上教龄的教师对工作的满意度得分显著高于 1~5 年教龄的教师。

在特教教龄上，其工作满意度在 4 个特教教龄阶段也存在显著差异，$F(3, 764) = 4.58$，$p = 0.003$，$\eta^2 = 0.018$。事后检验显示，11~20 年以及 20 年以上特教教龄的教师对工作的满意度得分显著高于 1~5 年特教教龄的教师。

在学校所在地区上，珠三角地区特殊教育学校教师（$M = 2.91$，$SD = 0.50$）的工作满意度与粤东西北地区特殊教育学校教师（$M = 2.81$，$SD = 0.47$）的工作满意度两组均值没有显著差异，$t_{obs}(766) = 2.77$，$p > 0.05$（双尾检验）。

表 5-12 广东省特殊教育学校教师工作满意度的差异分析

背景变项		M	SD	p	F
性别	男	2.88	0.56	0.006	7.576
	女	2.85	0.46		
专业背景	特殊教育专业	2.83	0.52	0.011	6.541
	非特殊教育专业	2.88	0.45		
年龄	25 岁以内	2.80	0.48	0.049	2.385
	26~35 岁	2.87	0.50		
	36~45 岁	2.84	0.53		
	46~55 岁	2.96	0.39		
	56 岁以上	2.68	0.73		
教龄	1~5 年	2.80	0.45	0.027	3.083
	6~10 年	2.91	0.54		
	11~20 年	2.85	0.57		
	20 年以上	2.92	0.45		
特教教龄	1~5 年	2.81	0.46	0.003	4.581
	6~10 年	2.87	0.49		
	11~20 年	2.97	0.55		
	20 年以上	3.02	0.52		
学校所在地区	珠三角地区	2.91	0.50	0.982	0.001
	粤东西北地区	2.81	0.47		

　　综上所述，广东省特殊教育学校教师的工作满意度在性别、专业背景、年龄、教龄、特教教龄上存在显著差异，男教师的工作满意度高于女教师，非特教专业教师的工作满意度高于特教专业教师，46~55 岁的教师对工作的满意度显著高于 25 岁以内以及 36~45 岁的教师，11 年以上特教教龄的教师对工作的满意度得分显著高于 1~5 年特教教龄的教师，工作满意度与学校所在地区没有显著差异。

第三节 广东省特殊教育学校教师职业倦怠分析

教师职业倦怠是指教师不能顺利应对工作压力时的一种极端反应，是教师在长期压力体验下所产生的情绪、态度和行为的衰竭状态[1]。由于特殊教育学校教师的教育对象身心障碍程度较高，使得特殊教育学校教师面临着较大的工作压力，更容易出现职业倦怠。

近年来，特殊教育教师的职业心理状况，成为业界研究关注的热点。相关研究主要集中在两个方面：第一，对特殊教育教师的职业倦怠情况的调研；第二，职业倦怠与其他心理变量、环境变量之间的关系研究。陕西、四川、贵州、吉林、广西、黑龙江、北京等地对特殊教育教师的职业倦怠展开调查，发现不同地区的特殊教育教师职业倦怠情况并不相同，陕西地区的特殊教育教师职业倦怠并不严重[2]，黑龙江地区的特殊教育教师职业倦怠情况严重[3]；从影响特殊教育教师的职业倦怠因素看，人口学变量（性别、年龄、性别、教龄等）、个人特质（自我效能感、教学效能感、心理资本等）、环境因素（工作负荷、行政支持、收入状况、学生挑战性行为等）与特殊教育教师的职业倦怠有关。

笔者对广东省特殊教育学校教师的职业倦怠进行调查，了解其职业倦怠状况，为探寻有效的干预方法而奠定前期基础。

一、广东省特殊教育学校教师的职业倦怠状况

笔者研究发现，广东省特殊教育学校教师在职业倦怠上的总得分是2.63，标准差是0.55，职业倦怠处于中等水平，具体见表5-13。从调查结果可以看出，超过50%的特殊教育学校教师"常盼望有假期不用上班"和"在

---

①徐云、姚晶、金晨霞：《特殊教育教师职业承诺，职业满意度与职业倦怠的关系》，《中国临床心理学杂志》2019年第4期，第825—828页。

②马芳：《陕西省特殊教育教师职业倦怠现状的调查研究》，《绥化学院学报》2011年第2期，第5—7页。

③刘佰桥、赵华兰：《黑龙江省特殊教育教师职业倦怠状况及原因分析》，《绥化学院学报》2015年第4期，第15—18页。

工作上有挫折感",超过 30% 的教师认为,"工作疲惫不堪""自己不被理解"
"面对工作心灰意冷""担心工作中逐渐失去耐心"和"面对学生感到压力"。

表 5-13 广东省特殊教育学校教师职业倦怠状况

职业倦怠	非常符合		比较符合		不太符合		非常不符合	
	人数 (N=768)	占总 人数 比例 (%)	人数 (N=768)	占总 人数 比例 (%)	人数 (N=768)	占总 人数 比例 (%)	人数 (N=768)	占总 人数 比例 (%)
1. 我常盼望有假期,可以不用上班	76	9.90	316	41.15	310	40.36	66	8.59
2. 我的工作让我感觉身心疲惫	48	6.26	255	33.20	394	51.30	71	9.24
3. 我在工作时精力充沛	27	3.52	178	23.18	473	61.58	90	11.72
4. 我觉得自己不被人理解	33	4.30	245	31.90	422	54.95	68	8.85
5. 我在工作上有挫折感	41	5.34	351	45.70	321	41.80	55	7.16
6. 我工作时感到心灰意冷	35	4.56	193	25.13	450	58.59	90	11.72
7. 面对学生,我感到压力很大	33	4.30	261	33.98	395	51.43	79	10.29
8. 我担心在工作上会逐渐失去耐心	46	5.99	240	31.25	394	51.30	88	11.46
9. 工作让我有快要崩溃的感觉	40	5.21	170	22.14	442	57.55	116	15.10
10. 工作负荷太重影响了工作质量	55	7.16	240	31.25	384	50.00	89	11.59
11. 我对工作越来越不感兴趣	36	4.69	166	21.62	448	58.33	118	15.36

二、广东省特殊教育学校教师职业倦怠的差异分析

为了进一步了解广东省特殊教育学校教师职业倦怠的人口学变量差异情况，笔者分别对不同背景变项如性别、年龄、教龄、特教教龄、专业背景、学校所在地区等进行方差分析，结果见表 5-14。

表 5-14　不同背景变项的广东省特殊教育学校教师职业倦怠差异情况

背景变项		*M*	*SD*	*p*	*F*
性别	男	2.55	0.64	0.000	21.073
	女	2.66	0.51		
专业背景	特殊教育专业	2.60	0.54	0.844	0.039
	非特殊教育专业	2.67	0.55		
年龄	25 岁以内	2.57	0.47	0.116	1.856
	26~35 岁	2.61	0.57		
	36~45 岁	2.64	0.59		
	46~55 岁	2.74	0.52		
	56 岁以上	2.70	0.42		
教龄	1~5 年	2.60	0.50	0.054	2.555
	6~10 年	2.63	0.63		
	11~20 年	2.58	0.61		
	20 年以上	2.72	0.52		
特教教龄	1~5 年	2.61	0.51	0.458	0.867
	6~10 年	2.63	0.60		
	11~20 年	2.68	0.54		
	20 年以上	2.73	0.59		
学校所在地区	珠三角地区	2.66	0.54	0.262	1.261
	粤东西北地区	2.60	0.55		

男教师（*M* = 2.55，*SD* = 0.64）的职业倦怠低于女教师（*M* = 2.66，

$SD = 0.51$)。两组均值的差异显著，t_{obs}（766）$= -2.25$，$p < 0.05$（双尾检验），$d = 0.21$，根据 Cohen 提出的标准，效应中等。

方差分析显示，广东省特殊教育学校教师的工作倦怠在年龄（$p = 0.116$）、教龄（$p = 0.054$）、特教教龄（$p = 0.458$）、专业背景上（$p = 0.844$）和学校所在地区（$p = 0.262$）五个背景变项上均不存在显著差异。

第四节 广东省特殊教育学校教师
自尊和自我效能分析

除了对前述的消极心理特点如职业倦怠进行调查外，笔者还试图了解广东省特殊教育学校教师积极的人格特质，通过选取自尊和自我效能感两个心理变量进行调查，试图从积极心理学的视角来了解广东省特殊教育学校教师的心理状况。

一、广东省特殊教育学校教师自尊情况

自尊是在对自身价值进行判断基础上产生的情感体验[1]。自尊作为一种心理资源，是有重要心理功能的人格特质。由于个体在一般情况下不用为维持其水平而付出努力，因此拥有稳定且积极的自尊体验能够带来健康的心理状态。

本节使用自尊量表（Rosenberg Self-Esteem Scale, RSES）对广东省特殊教育学校教师的自尊水平进行调研，平均得分为 2.92，标准差为 0.39，结果见表 5-15。按照相关研究标准[2]，广东省特殊教育学校教师的自尊水平处于中等。

---

①李清、李瑜、张旭东：《中小学教师工作压力对心理生活质量的影响：心理弹性、自尊的中介作用》，《中国健康心理学杂志》2021 年第 2 期，第 217—230 页。

②闫艳、谢笑春、盖笑松等：《中国大中学生的罗森伯格自尊量表测评结果》，《中国心理卫生杂志》2021 年第 10 期，第 863—868 页。

表 5-15　广东省特殊教育学校教师的自尊情况

背景变项	非常符合		比较符合		不太符合		很不符合	
	人数 (N=768)	占总 人数 比例 (%)	人数 (N=768)	占总 人数 比例 (%)	人数 (N=768)	占总 人数 比例 (%)	人数 (N=768)	占总 人数 比例 (%)
1. 我感到我是个有价值的人,至少与其他人在同一水平上	124	16.15	531	69.14	104	13.54	9	1.17
2. 我觉得我有许多优点	120	15.63	533	69.40	107	13.93	8	1.04
3. 归根结底,我倾向于认为自己是一个失败者	36	4.69	182	23.70	399	51.95	151	19.66
4. 我能像大多数人一样把事情做好	151	19.66	524	68.23	87	11.33	6	0.78
5. 我觉得自己没有什么值得自豪的地方	66	8.59	396	51.56	249	32.42	57	7.43
6. 我对自己持有一种肯定的态度	126	16.41	551	71.74	87	11.33	4	0.52
7. 总的来说,我对自己感到满意	125	16.28	538	70.05	101	13.15	4	0.52
8. 我希望我能为自己赢得更多尊重	130	16.93	557	72.53	73	9.51	8	1.03
9. 有时我的确感到自己毫无用处	38	4.95	237	30.86	341	44.40	152	19.79
10. 我时常认为自己一无是处	31	4.04	191	24.87	344	44.79	202	26.30

二、广东省特殊教育学校教师自尊的差异分析

为了进一步了解广东省特殊教育学校教师自尊的人口学变量差异情况，笔者分别对不同背景变项如性别、年龄、教龄、特教教龄、专业背景、学校所在地区等进行方差分析，结果见表5-16。

统计结果表明，广东省特殊教育学校教师在性别、专业背景、年龄、教龄、特教教龄五个背景变项分组上不存在显著差异。而在"学校所在地区"这一变量上，广东省珠三角地区特殊教育学校教师（$M = 2.93$, $SD = 0.41$）的自尊水平高于广东省粤东西北地区特殊教育学校教师（$M = 2.90$, $SD = 0.36$）的自尊水平。两组均值的差异显著，t_{obs}（766）= 0.97，$p < 0.05$（双尾检验），$d = 0.08$，根据 Cohen 提出的标准，效应较小。

表5-16　广东省特殊教育学校教师自尊水平的差异分析

背景变项		M	SD	p	F
性别	男	2.85	0.37	0.400	0.709
	女	2.94	0.39		
专业背景	特殊教育专业	2.91	0.39	0.884	0.021
	非特殊教育专业	2.92	0.38		
年龄	25 岁以内	2.57	0.47	0.116	1.856
	26~35 岁	2.61	0.57		
	36~45 岁	2.64	0.59		
	46~55 岁	2.74	0.52		
	56 岁以上	2.70	0.42		
教龄	1~5 年	2.60	0.50	0.054	2.555
	6~10 年	2.63	0.63		
	11~20 年	2.58	0.61		
	20 年以上	2.72	0.52		

续表

背景变项		M	SD	p	F
特教教龄	1~5 年	2.61	0.51	0.458	0.867
	6~10 年	2.63	0.60		
	11~20 年	2.68	0.54		
	20 年以上	2.73	0.59		
学校所在地区	珠三角地区	2.93	0.41	0.024	5.109
	粤东西北地区	2.90	0.36		

三、广东省特殊教育学校教师自我效能感情况

自我效能感是指个体对自己完成某特定领域目标的能力所持有的信心。一般分为一般自我效能感和特定领域的自我效能感。一般自我效能感作为一种稳定的人格特质，指的是个体面对各种不同环境挑战或新鲜事物时所表现出来的总体自信心①。特殊教育学校教师对特殊儿童少年的教育效果很难在短时间内获得明显成效，会让教师的自我评价产生偏颇，导致其在日常教学的自我效能感影响到教师的工作积极性。

笔者采用由施瓦泽等人编制的一般自我效能感量表（General Self Efficacy Scale，GSES）的中文版本②对广东省特殊教育学校教师进行一般自我效能感调研，原量表含有 10 个题项，从"完全不正确""有点正确""多数正确""完全正确"进行四点正向计分，量表得分与被试的一般自我效能感成正比，调研结果见表 5–17。

---

① 周正、韩悦：《特殊教育教师一般自我效能感现状及其与核心自我评价的关系》，《教师教育研究》2014 年第 3 期，第 55—60 页。
② 胡象岭、田春凤、孙方尽：《中文版一般自我效能量表的信度和效度检验》，《心理学探新》2014 年第 1 期，第 53—56 页。

表 5-17　广东省特殊教育学校教师的自我效能感情况

背景变项	完全不正确		有点正确		多数正确		完全正确	
	人数 (N=768)	占总人数比例 (%)	人数 (N=768)	占总人数比例 (%)	人数 (N=768)	占总人数比例 (%)	人数 (N=768)	占总人数比例 (%)
1. 如果我尽力去做的话，我总是能够解决问题的	35	4.55	282	36.72	314	40.89	137	17.84
2. 即使别人反对我，我仍有办法取得我所要的	72	9.37	333	43.36	285	37.11	78	10.16
3. 对我来说，坚持理想和达成目标是轻而易举的	110	14.33	352	45.83	257	33.46	49	6.38
4. 我自信能有效地应对任何突如其来的事情	58	7.56	354	46.09	286	37.24	70	9.11
5. 以我的才智，我一定能应对意料之外的情况	52	6.77	383	49.87	282	36.72	51	6.64
6. 如果我付出必要的努力，我一定能解决大多数的难题	32	4.16	326	42.45	327	42.58	83	10.81
7. 我能冷静地面对困难，因为我信赖自己处理问题的能力	40	5.21	323	42.05	324	42.19	81	10.55
8. 面对一个难题时，我通常能找到几个解决方法	40	5.21	344	44.79	308	40.10	76	9.90
9. 有麻烦的时候，我通常能想到一些应对的方法	27	3.52	325	42.32	337	43.88	79	10.28

背景变项	完全不正确		有点正确		多数正确		完全正确	
	人数 (N=768)	占总 人数 比例 (%)	人数 (N=768)	占总 人数 比例 (%)	人数 (N=768)	占总 人数 比例 (%)	人数 (N=768)	占总 人数 比例 (%)
10. 无论什么事在我身上发生，我都能应对自如	63	8.20	367	47.79	272	35.42	66	8.59

广东省特殊教育学校教师在一般自我效能感上的总得分是 2.57，标准差是 0.58。表 5-17 显示，广东省特殊教育学校教师的选择多数集中在"有点正确"和"多数正确"，其中选择"有点正确"的教师比例是 36.72%~49.87%，选择"多数正确"的教师比例是 33.46%~43.88%。这说明相当一部分教师对自身能力有积极信念。在"完全不正确"的选项中，选择"对我来说，坚持理想和达成目标是轻而易举的"的教师比例是最多的（14.33%），这说明教师对于未来目标的实现还存在一定的怀疑。在"完全正确"的选项中，选择"如果我尽力去做的话，我总是能够解决问题的"的教师比例是最大的（17.84%）。总体来看，教师对自己解决问题的各种能力有一定信心，但仍有一定的提升空间。

四、广东省特殊教育学校教师自我效能感的差异分析

为了进一步了解广东省特殊教育学校教师自我效能感的人口学变量差异情况，笔者分别对不同背景变项如性别、年龄、教龄、特教教龄、专业背景、学校所在地区等进行方差分析，结果见表 5-18。

方差分析显示，教师的自我效能感在 4 个教龄阶段存在显著差异，$F(3, 764) = 3.29$，$p = 0.02$，$\eta^2 = 0.013$。事后检验显示，20 年以上教龄的教师的自我效能感水平显著高于 1~5 年教龄的教师。

广东省特殊教育学校教师的自我效能感在 5 个职称层次存在显著差异，$F(4, 763) = 3.07$，$p = 0.016$，$\eta^2 = 0.016$。事后检验显示，高级职称教师的自我效能感水平显著高于无职称以及初级职称的教师。

表 5-18 广东省特殊教育学校教师自我效能感的差异分析

背景变项		*M*	*SD*	*p*	*F*
性别	男	2.59	0.68	0.464	0.537
	女	2.50	0.63		
专业背景	特殊教育专业	2.50	0.65	0.519	0.416
	非特殊教育专业	2.54	0.63		
年龄	25 岁以内	2.47	0.61	0.156	1.666
	26~35 岁	2.49	0.64		
	36~45 岁	2.54	0.69		
	46~55 岁	2.65	0.59		
	56 岁以上	2.48	0.43		
教龄	1~5 年	2.45	0.60	0.020*	3.286
	6~10 年	2.57	0.71		
	11~20 年	2.48	0.69		
	20 年以上	2.62	0.62		
特教教龄	1~5 年	2.47	0.61	0.079	2.271
	6~10 年	2.58	0.66		
	11~20 年	2.59	0.67		
	20 年以上	2.63	0.71		
职称	无职称	2.46	0.64	0.016*	3.070
	初级职称	2.46	0.63		
	中级职称	2.56	0.64		
	高级职称	2.71	0.63		
	其他	2.35	0.64		
学校所在地区	珠三角地区	2.54	0.66	0.102	2.674
	粤东西北地区	2.51	0.61		

第六章　广东省特殊教育学校教师科研状况

　　教育科研指教师自觉地采用科学的方法对教育问题进行观测、分析和了解，从而发现教育现象之间的本质联系与规律性。特殊教育对象的复杂性，决定了特殊教育教师不仅是教育教学的实践者，也是特殊学生能力的评估者、个体缺陷补偿和潜能开发者，更是知识的研究者和创新者。教育科研能力是教师的必备素质之一，也是特殊教育教师职业能力的重要组成部分。《特殊教育教师专业标准（试行）》要求，在专业能力维度中的反思与发展领域，特殊教育教师要"针对特殊教育教学工作中的现实需要与问题，进行教育教学研究，积极开展教学改革"。由此可见，科研能力是特殊教育教师应具备的一项基本素质，无论是特殊教育教师的职前培养还是特殊教育教师的职后培训，科研能力的培养和提升，是提高其专业素质和专业发展的重要途径。

　　特殊教育教师的科研能力是以科学的思维和严谨的方法，对未知领域进行科学探索的能力。具体指教师应当具有扎实的教育学、心理学、医学等相关学科的理论知识和方法论知识，具有收集利用文献资料、开发和处理信息的能力，具有较好的文字表达能力，具有开拓精神、严谨的治学作风以及执着的奉献精神，具备自觉追踪国内国际最新教育科研动态的视野和能力。特殊教育教师参与教育科研，指的是要以科研的思路去审视特殊教育教学的过程，在日常工作中发现问题、思考问题，形成解决问题的办法；通过研究学生、改变学生，提高特殊教育的质量，推动特殊教育的发展，使教育教学工作向科学的方向发展。教师正是在参与教育科研的过程中借助规范化、学术化的系统探究，得到更好的专业成长。

近年来，特殊教育学校的师资队伍建设向高质量、高水平发展，教育管理部门、研究机构和特殊教育学校，通过各种评价机制鼓励教师参与课题研究、教研等工作。然而，有研究发现，特殊教育学校教师的科研状况不容乐观。比如，对四川省特殊教育教师教育科研现状及对策进行的研究发现：四川省特殊教育教师科研积极性不高，学校科研氛围不浓；特殊教育教师的科研能力不够，对科研工作感到力不从心；参与科研培训的机会少；学校的科研管理和评价机制有待改善[1]。笔者通过对广东省特殊教育学校教师进行调研，旨在了解广东省特殊教育学校教师的科研状况及需求，为更好地提高特殊教育学校教师的教育科研能力，加强广东省特殊教育师资队伍建设提供参考。

第一节　广东省特殊教育学校教师
科研基本情况分析

一、广东省特殊教育学校教师科研知识与技能的掌握情况

开展特殊教育科研工作之前，掌握扎实的学科理论基础是进行科学研究的前提。为此，笔者设计了"特殊教育基本理论"和"特殊教育教学研究"的调研，结果见表6-1。

表6-1显示，在广东省特殊教育学校教师中，大部分或完全掌握特殊教育基本理论的人数仅占44.3%，超过一半的教师仅部分掌握（52.2%）或未掌握（3.5%），而34.0%的教师认为特殊教育基本理论知识对他们而言非常重要，54.4%的教师认为比较重要；另外，对于特殊教育教学研究

---

①杨鹃：《四川省特殊教育教师教育科研现状及对策研究》，《绥化学院学报》2016年第4期，第111—115页。

技能，5.7%的教师认为自己完全掌握，34.6%的教师认为大部分掌握，54.2%的教师认为自己仅部分掌握，5.5%的教师认为未掌握，而绝大多数教师认为这一技能非常重要（33.6%）或比较重要（55.1%）。

表6-1　广东省特殊教育学校教师对科研知识与技能的掌握与认同情况

科研基础知识与技能		掌握情况				认同情况			
		完全掌握	大部分掌握	部分掌握	未掌握	非常重要	比较重要	不太重要	完全不重要
特殊教育基本理论	人数	51	289	401	27	261	418	81	8
	占总人数比例（%）	6.7	37.6	52.2	3.5	34.0	54.4	10.5	1.1
特殊教育教学研究	人数	44	266	416	42	258	423	79	8
	占总人数比例（%）	5.7	34.6	54.2	5.5	33.6	55.1	10.3	1.0

调研数据显示，广东省特殊教育学校教师在特殊教育基本理论的大部分掌握或完全掌握的程度上所占比例（44.2%）和认为非常重要和比较重要的程度上所占比例（88.4%）相差近一半，形成巨大的反差。特殊教育教学研究也是相似的情况：大部分掌握或完全掌握的程度上所占比例为40.3%，认为非常重要和比较重要的程度上所占比例为88.7%。这说明在特殊教育基本理论和特殊教育教学研究上，认识程度很好，近90%的教师认为这些知识都非常重要；但在掌握程度上，仅有不到一半的教师能够大部分掌握。可见，在基本理论和教学研究上，还有较大的提升空间，也是未来教师职后培训的重点内容之一。

二、广东省特殊教育学校教师科研知识与技能的培训情况

笔者调研了广东省特殊教育学校教师接受的在职培训中，是否有过特殊教育研究方法或教育研究方法的培训，以及这些培训是否对教学工作中有帮助，结果见表6-2。

表6-2　广东省特殊教育学校教师接受教育科学研究培训的情况

	没接受过	接受过			
		没帮助	有点帮助	较有帮助	非常有帮助
人数	178	18	211	252	109
占总人数比例（%）	23.2	2.3	27.5	32.8	14.2

表6-2数据显示，特殊教育学校有23.2%的教师未接受过"教育科学研究方法或特殊教育研究方法"方面的培训；接受过培训的教师中，大部分教师认为这一培训较有帮助（32.8%）或非常有帮助（14.2%）。另外，有18.4%的教师希望接受"开展课题研究"形式的培训，25.9%的教师希望接受"教育科研方法"内容的培训。

由这些数据可知，广东省仅有一半的特殊教育学校教师掌握了特殊教育专业的理论知识和基本技能，有超过20%未接受过培训，超过40%的教师希望接受开展课题研究或教育科研方法内容的培训。特殊教育学校教师在基础知识掌握不佳的情况下开展科研工作，势必会引起他们的畏难情绪，或在科研活动中受到挫折，影响其科研积极性。

三、广东省特殊教育学校教师科研知识与技能培训的地区差异情况

经济发展水平的不同决定教育资源的差别。因此，特殊教育学校教师的科研知识与技能的掌握情况可能存在地区差异，我们从掌握"特殊教育教学研究"知识、修过"特殊教育研究方法"课程、受过"教育科学研究"内容培训和受过"开展课题研究"形式培训四个方面进行全省调研，结果见表6-3。

从珠三角地区和粤东西北地区的特殊教育学校教师科研知识和技能情况看，掌握特殊教育教学研究知识、受过教育科学研究内容的培训、受过开展课题研究培训的比例相差不大（3.7%~4.4%），但在修过特殊教育研究方法课程上相差10.9个百分点，地区差异相对较大。

表6-3　广东省特殊教育学校教师科研知识与技能培训的地区差异

地区	掌握"特殊教育教学研究"知识		修过"特殊教育研究方法"课程		受过"教育科学研究"内容培训		受过"开展课题研究"形式培训	
	人数 (n/N)	占总人数比例 (%)	人数 (n/N)	占总人数比例 (%)	人数 (n/N)	占总人数比例 (%)	人数 (n/N)	占总人数比例 (%)
珠三角地区	169/398	42.5	223/398	56.0	373/398	93.7	101/398	25.4
粤东西北地区	141/370	38.1	167/370	45.1	333/370	90.0	109/370	29.5

注：表中掌握"特殊教育教学研究"知识的人数是指"完全掌握"和"大部分掌握"的合计人数。N表示参与调查的有效人数，n表示已经掌握、学习或培训过的人数。

四、广东省特殊教育学校教师主持科研课题的基本情况

科研课题主持人是课题的指导者和掌控人，也是对课题的成败担负全责者，课题主持人需要对选题有全面的认识，并将想法形成一个有意义的课题，以书面形式向有关主管部门申报。主持人对于课题选题、如何开展研究及预期成果有全盘的计划。笔者对广东省特殊教育学校教师主持科研课题情况进行调查，结果见表6-4。

表6-4　广东省特殊教育学校教师主持科研课题的情况

主持课题情况	人数	占总人数比例（%）
没有主持课题研究	540	70.3
只主持过校级课题研究	89	11.6
只主持过校级以上课题研究	70	9.1
校级和校级以上课题研究都主持过	69	9.0

由表6-4可知，广东特殊教育学校70.3%的教师从未主持过科研课题，11.6%的教师只主持过校级课题研究，仅9.1%的教师主持过校级以上课题研究，9.0%的教师校级和校级以上的课题研究都主持过，主持各级课

题的教师不足 30%。

五、广东省特殊教育学校教师参与科研活动的基本情况

课题研究是个系统工程，大多数课题研究仅靠主持人是很难完成的，通常要搭建课题组，靠团队协作来完成课题研究任务。笔者对广东省特殊教育学校教师参与课题研究的情况进行调查（多选），结果见表6-5。

表6-5　广东省特殊教育学校教师参加科研活动的情况

参加科研情况	人数（n）	占总人数比例（%）
没有参加过科研活动	302	39.3
参加过校级课题研究	301	39.2
参加过校级以上课题	345	45.1

注：n 为选择的人次，因参加过科研活动可选多项，故表中百分比之和不等于100%。

调查发现，广东省特殊教育学校有 39.3% 的教师表示没有参加过科研活动，近 40% 的教师参加过校级课题研究，参加校级以上课题研究的人数比例为 45.1%，可见，广东省特殊教育学校教师参与课题研究情况相比主持课题研究来讲，参与课题研究的教师占比更高，教师参与校级以及校级以上课题的比例近 60%，表示有相当比例的教师能够参与科学研究，探索教育教学中的问题。

六、广东省特殊教育学校教师主持或参与科研内容领域的分布情况

为了进一步了解广东省特殊教育学校教师主持或参与课题的具体内容，笔者进行相关调查（多选），结果见表6-6。

表6-6　广东省特殊教育学校教师主持或参加科研内容领域的情况

研究内容领域	人数（n）	占总人数比例（%）
教育教学研究	472	61.5
学科专业研究	323	42.1
管理研究	88	11.6

研究内容领域	人数（n）	占总人数比例（%）
思政研究	49	6.4
其他研究	182	23.7

注：n 为选择的人次，因教师参加过的科研内容领域可选多项，故百分比之和不等于 100%。

从科研的具体内容看，广东省特殊教育学校教师科研内容主要集中在教育教学研究（61.5%）和学科专业研究（42.1%），管理研究和思政类的研究相对较少。还有 23.7% 是涉及其他研究，比如劳动教育、德育教育等方面的研究。

七、广东省特殊教育学校教师主持科研课题的地区差异情况

为了了解主持科研课题的地区差异，笔者将广东省特殊教育学校教师分为珠三角地区（N=398）和粤东西北地区（N=370），进行差异比较，结果见表 6-7。

表 6-7　广东省特殊教育学校教师主持课题研究情况的地区差异

地区	没有		主持过校级课题研究		主持过校级以上课题研究		主持过校级及校级以上课题	
	人数	所占比例（%）	人数	所占比例（%）	人数	所占比例（%）	人数	所占比例（%）
珠三角地区	240	60.3	52	13.1	50	12.6	56	14.0
粤东西北地区	300	81.1	37	10.0	20	5.4	13	3.5

由表 6-7 可知，在广东省特殊教育学校教师的地区分布中，珠三角地区没有主持过课题研究的教师占 60.3%；而粤东西北地区没有主持过课题研究的教师比例达到 81.1%，两者相差 20.8 个百分点。这说明，在珠三角地区主持过课题研究的人数比例比粤东西北地区高。在主持过校级以上课题研究方面的情况也是如此。特殊教育学校教师参与科研活动与外部政

策、经济水平有相当大的关系。珠三角地区具备较好的经济基础,有足够的科研课题经费支持特殊教育学校教师开展研究,因此相对来说主持科研课题的人数较多。在粤东西北地区,可能存在资金缺乏、政策限制和重视不足等外在因素,导致教师申请校级以上科研课题比较困难。

八、广东省特殊教育学校教师参与科研活动的地区差异情况

笔者计算广东省不同地区特殊教育学校教师参与科研活动的差异,统计结果见表6-8。

表6-8 广东省特殊教育学校教师参与科研活动的地区差异

地区	没有参加过		参加过校级课题研究		参加过校级以上课题	
	人数	所占比例(%)	人数	所占比例(%)	人数	所占比例(%)
珠三角地区	131	32.9	148	37.2	212	53.3
粤东西北地区	171	46.2	153	41.4	133	35.9

注:因教师可能同时参加过校级和校级以上课题,百分比之和不等于100%。

表6-8显示,粤东西北地区没有参加过科研活动的教师比例高达46.2%,而珠三角地区没有参加过课题研究的教师比例为32.9%,地区间有13.3个百分点的差距。这说明经济越发达的地区,特殊教育学校教师参与科研活动的情况越好。此外,珠三角地区参加校级以上课题的人数比例较高,表明这些地区校本研究较多,教师科研活跃,呈现向研究型教师发展的趋势。

九、广东省特殊教育学校教师主持科研课题和参与科研活动的学历差异情况

除了存在地区差异外,笔者想进一步了解不同学历的教师在主持和参与课题方面是否有差异。一般来讲,学历越高,教师的理论基础、教学技能和科研素养等方面越好。广东省特殊教育学校不同学历的教师主持和参与科研课题的统计结果分别见表6-9和表6-10。

表6-9　广东省特殊教育学校教师主持科研课题的学历差异

学历	没有主持过		主持过校级课题研究		主持过校级以上课题研究		主持过校级及校级以上课题	
	人数	所占比例（%）	人数	所占比例（%）	人数	所占比例（%）	人数	所占比例（%）
初中	2	50.0	0	0.0	1	25.0	1	25.0
高中	0	0.0	2	100.0	0	0.0	0	0.0
中技校	4	100.0	0	0.0	0.0	0.0	0	0.0
大专	78	78.0	16	16.0	3	3.0	3	3.0
本科	444	71.2	65	10.4	59	9.5	56	8.9
研究生	12	35.3	6	17.6	7	20.6	9	26.5

由表6-9可以看出，大专学历教师没有主持过课题研究的比例最高（78.0%），本科学历教师也有高达71.2%的从未主持过课题研究，研究生学历有35.3%的从未主持过课题研究。从校级课题或校级以上课题的主持数据可见，除去样本量小的初中和高中学历教师外，大专和本科学历的教师百分比无较大差距，研究生学历教师没有主持过科研课题的占比最小。而从主持校级课题比例来看，主要集中在研究生（17.6%）、大专（16%）以及本科（10.4%）学历层次。主持校级以上课题的数据来看，研究生（20.6%）和本科（9.5%）学历者的比例高。这表明在不同级别的课题立项中，学历越高的教师，获得立项的可能性越大。初中、高中、中技校学历教师主持校级及校级以上课题明显落后，而研究生和本科学历教师在主持这些课题研究方面具有一定优势。

表6-10　广东省特殊教育学校教师参与科研活动的学历差异

学历	没有参加过		参加过校级课题研究		参加过校级以上课题研究	
	人数	所占比例（%）	人数	所占比例（%）	人数	所占比例（%）
初中	3	75.0	1	25.0	0	0.0
高中	0	0.0	2	100.0	0	0.0
中技校	3	75.0	0	0.0	1	25.0
大专	48	48.0	49	49.0	21	21.0
本科	244	39.1	236	37.8	286	45.8
研究生	4	11.8	13	38.2	25	73.5

注：n为选择的人次，因参加过科研活动可选多项，故表中百分比之和不等于100%。

表6-10的数据显示，广东省特殊教育学校研究生学历的教师没有参加过科研活动的比例最小（11.8%），其次是本科学历者（39.1%），初中和中技校学历者比例最高（75%）。从参与校级课题的教师比例来看，以高中（100%）和大专（48.0%）学历为主，这或许与高中、大专学历的教师具有较长的教龄有关；而参与校级以上课题方面，研究生学历教师参与比例最高，达到73.5%，其次是本科学历教师，为45.8%。综合来看，校级以上课题的参与情况呈现教师学历越高，参与度越高的趋势；校级课题以高中和大专学历教师参与度最高。

广东省特殊教育学校教师学历越高，参与科研活动的比例越高，但结合表6-9可以看出，学历越高，主持课题的比例相比参与课题来讲，优势并不明显，这可能基于一些现实问题。多数研究生学历教师是近几年加入到特殊教育教师队伍中来，首先以参与课题研究为主，在实践中学习如何做研究。随着教龄增加，教学经验丰富，他们才有可能成为课题研究的主持人。

十、广东省特殊教育学校教师主持科研课题和参与科研活动的职称差异情况

在教师职称晋升的过程中，科研论文具有不可忽视的作用，参与科研活动是特殊教育学校教师专业成长的重要途径。有研究对广州、佛山、汕头三地的特殊教育教师科研素养进行调查发现[1]，有47%的教师认为自己没有能力进行科研，其进行科研活动的主要原因是考核、评职称的需要。上级教育主管部门要求将科研成果、科研课题作为教师职称晋升的一个重要评价指标，这在一定程度上决定了特教教师进行科研的动机。本研究对广东省特殊教育学校不同职称的教师主持科研课题进行调查，结果见表6-11。

表6-11　广东省特殊教育学校教师主持科研课题的职称差异

职称	没有主持过		主持校级课题研究		主持校级以上课题研究		主持校级及以上课题研究	
	人数	所占比例（%）	人数	所占比例（%）	人数	所占比例（%）	人数	所占比例（%）
没有职称	161	87.0	18	9.7	6	3.3	0	0.0
初级职称	189	81.1	21	9.0	14	6.0	9	3.9
中级职称	153	57.9	44	16.7	35	13.3	32	12.1
高级职称	37	43.0	7	8.2	15	17.4	27	31.4

注：没有职称185人，初级职称233人，中级职称264人，高级职称86人。

从表6-11可以看出，广东省特殊教育学校没有主持过课题研究教师中，没有职称的教师为87.0%，比例最高；广东省特殊教育学校教师未主持过课题研究的比例随职称升高而降低，可见，科研课题的主持与职称呈正向关系。在主持校级课题研究中，中级职称人数占比最高（16.7%）；在主持校级以上课题研究，高级职称人数占比最高（17.4%）；在主持校

---

[1] 陈绪嫔：《特殊教育学校教师科研素养的现状研究——基于广州、佛山、汕头三市的调查》，《现代特殊教育（高等教育）》2018年第10期，第30—35页。

级及以上课题研究中，高级职称教师数占比最高（31.4%），表示职称越高，所能获得级别更高的课题立项机会越大。

十一、广东省特殊教育学校教师科研情况与教学工作量主观感受的关系情况

特殊教育学校教师面对特殊学生，要付出比普通教师更多的精力和时间。如果日常工作量过重，将影响教师参与科研活动的意识和热情。有学者以四川省和重庆市的特殊教育教师为研究对象发现[1]，学校政策、领导支持、科研效能感能是影响特殊教育教师科研积极性的有效因素。教学工作量是否会影响教师从事科研的积极性？笔者试图回答此问题，调查结果见表6-12。

表6-12 广东省特殊教育学校不同工作量主观感受与教师参加科研活动的情况

教师工作量	认同情况		没有参加过科研活动		参加过科研活动	
	人数	占总人数比例（%）	人数	占总人数比例（%）	人数	占总人数比例（%）
很轻	5	0.7	5	100.0	0	0.0
偏轻	11	1.4	6	54.5	5	45.5
适中	359	46.7	216	60.2	143	39.8
偏重	307	40.0	196	63.8	111	36.2
很重	86	11.2	48	55.8	38	44.2

由表6-12可以看出，认为自己工作量"适中""偏重"和"很重"的教师，参加过科研活动的人数比例比较接近。根据表6-12的数据可以进一步计算得出，认为工作量偏重的教师没有参加过科研活动的人数比例为63.8%，认为工作量适中的教师中没有参加过科研活动的人数比例为60.2%，认为工作量很重的教师中没有参加过科研活动的人数比例为55.8%；在"参加过科研活动"的教师中，认为工作量适中的教师的比例

---

[1]冯维、刘琴、李秋燕：《特殊教育教师的科研积极性及其影响因素的调查研究》，《教师教育学报》2017年第4期，第30—35页。

为 39.8%，认为工作量偏重的教师比例为 36.2%，认为工作量很重的教师比例为 44.2%。认为主观教学工作量"偏重"或"很重"的特殊教育教师中，未参与科研的比例高出参与科研的比例分别为 11.6 和 27.6 个百分点。这表明，特殊教育学校教师对工作量的主观感受与其是否参加科研活动没有必然联系。

第二节 广东省特殊教育学校教师取得的科研成果分析

一、广东省特殊教育学校教师发表科研论文的基本情况

发表论文是教师取得科研成果的内容之一。笔者对广东省特殊教育学校教师在公开刊物上发表论文的数量进行统计，结果见表 6-13。

表 6-13 广东省特殊教育学校教师发表论文的基本情况

出版分类	发表的论文数	人数	占总人数比例（%）
公开出版物发表论文的情况（N=768）	没有	461	60.0
	1~3 篇	255	33.2
	4~6 篇	41	5.3
	7~9 篇	9	1.3
	9 篇以上	2	0.2
内部刊物发表论文的情况（N=768）	没有	511	66.6
	1~3 篇	223	29.0
	4~6 篇	28	3.6
	7~9 篇	3	0.4
	9 篇以上	3	0.4

由表 6-13 可见，广东省特殊教育学校超过 60%（公开出版物 60%，内部刊物 66.6%）教师从未发表过论文，说明虽然有 57.4%的教师参加过

各类课题研究，但是很大一部分教师的研究成果未发表。另外，在已发表论文的教师中，以 1~3 篇的发文数量为主（公开刊物 33.2%，内部刊物 29.0%）。在公开出版物发表论文数量在 4 篇以上的教师占比为 6.8%，在内部出版物发表论文数量在 4 篇以上的教师占比为 4.4%，可见，特殊教育教师在发表论文数量上非常有限。

二、广东省特殊教育学校教师发表科研论文的群体差异情况

为了了解培训效果与特殊教育教师发表论文的关系，笔者对两者的关系进行调查，结果见表 6-14。

表 6-14　不同培训效果评价与特殊教育教师在公开刊物发表论文情况

	没有		1~3 篇		4~6 篇		7~9 篇		9 篇以上	
	人数	所占比例（%）	人数	所占比例（%）	人数	所占比例（%）	人数	所占比例（%）	人数	所占比例（%）
没培训过	136	76.3	35	19.7	6	3.4	1	0.6	0	0.0
没帮助	8	44.4	8	44.4	2	11.2	0	0.0	0	0.0
有点帮助	126	59.7	71	33.6	9	4.3	4	1.9	1	0.5
较有帮助	136	54.0	98	38.9	16	6.3	2	0.8	0	0.0
非常有帮助	55	50.5	43	39.5	8	7.3	2	1.8	1	0.9

广东省特殊教育学校没有接受过教学科研培训的教师中，有 136 人（76.3%）没有在公开刊物上发表过论文。而发表 1~3 篇的教师有 35 人（占 19.7%），4~6 篇 6 人（3.4%），7~9 篇 1 人（0.6%），9 篇以上 0 人。但从培训效果的评价看，有点帮助、较有帮助、非常有帮助的教师，公开发表论文的百分比依次提高，分别为 40.3%、46.0%、49.5%。同样，公开发表论文数量在 1~3 篇、4~6 篇的百分比也依次提高，这说明在能够认同培训对自己科研有帮助的教师中，其科研产出也越好。

三、广东省特殊教育学校不同外语水平的教师发表论文情况

外语水平是衡量教师科研能力的重要指标之一，让特殊教育学校教师了解国际学术研究前沿和发展趋势，加强学术研究的国际视野和本土视角，有着至关重要的作用。笔者对广东省特殊教育学校教师的外语水平以及不同外语水平的教师其参与科研情况进行调研，结果见表6-15和表6-16。

表6-15　广东省特殊教育学校教师外语水平的基本情况

外语水平	人数	占总人数比例（%）
可流利表达、交流	38	4.9
可基本表达、理解	113	14.7
可简单表达	223	29.1
可阅读简单外文	161	21.0
懂得很少	200	26.1
基本不懂	33	4.2

从表6-15来看，广东省特殊教育学校教师外语水平总体较弱，超过30%的教师基本不懂（4.2%）或懂得很少（26.1%）；有20%教师能够简单阅读外文，能够基本表达或流利表达的教师不足20%。

表6-16　广东省特殊教育学校不同外语水平的教师参与科研活动的情况

外语水平	没有参加过		校级课题		校级以上课题	
	人数	所占比例（%）	人数	所占比例（%）	人数	所占比例（%）
可流利表达、交流	19	50.0	13	34.2	18	47.4
可基本表达、理解	48	42.5	44	38.9	44	39.0
可简单表达	85	38.1	85	38.1	104	46.6
可阅读简单外文	61	37.9	67	41.6	72	44.7
懂得很少	77	38.5	82	41.0	93	46.5
基本不懂	12	36.4	10	30.3	14	42.4

注：因可选多项，故表中百分比之和不等于100%。

由表6-16的数据可知，特殊教育学校教师的外语水平越低，没有参加过科研活动的人数比例呈现出越低的趋势。这说明外语水平与参加课题关系不是太密切。可能的原因是，目前一线的特殊教育教师课题研究中，多数是从现实问题出发进行研究，大多基于本土的经验，较少参考国际的经验和做法，因此外语水平与参与课题的关系不大。在参与校级和校级以上课题研究的教师，外语水平也未呈现出显著的差异。因此，除了立足本土外，特殊教育学校教师应该提高外语水平，扩大国际视野，广泛阅读文献，把握本领域的研究动态与国际趋势，甚至可以用外语总结归纳本土的教学实践、现象与教学特色，并争取使用外语撰写论文发表在国际期刊。

四、广东省特殊教育学校教师在公开出版刊物上发表论文的地区差异情况

除了整体了解广东省特殊教育学校教师发表论文的情况外，笔者还考察不同地区的特殊教育学校教师在公开出版刊物上发表论文的差异情况，以便对照不同地区科研情况差异，制定不同的科研支持体系。调研结果见表 6-17。

表 6-17　广东省特殊教育学校教师在公开出版刊物上发表论文的地区差异

地区	没有		1~3篇		4~6篇		7~9篇		9篇以上	
	人数	所占比例（%）	人数	所占比例（%）	人数	所占比例（%）	人数	所占比例（%）	人数	所占比例（%）
珠三角地区	199	50.0	162	40.7	28	7.0	8	2.0	1	0.3
粤东西北地区	262	70.8	93	25.1	13	3.5	1	0.3	1	0.3

表 6-17 数据显示，珠三角地区和粤东西北地区的特殊教育学校教师在公开出版物上发表论文上有差异。从未发表论文情况看，珠三角地区有一半教师未发表论文，但粤东西北地区有 70.8% 的教师从未发表过论文，相差近 20 个百分点。珠三角地区有 40.7% 的教师"发表 1~3 篇"，粤东西北地区有 25.1% 的教师"发表 1~3 篇"，相差近 15 个百分点。发表论文

4~9篇的教师人数也是珠三角地区高于粤东西北地区。

总体上看，珠三角地区的特殊教育学校教师科研产出要多于粤东西北地区。但发表9篇以上论文的教师数量两个地区都为1人，说明粤东西北地区特殊教育学校教师能够突破地区差异，在科研产出上表现卓越。

五、广东省特殊教育学校教师在内部刊物上发表论文的地区差异情况

笔者考察不同地区的特殊教育学校教师在内部刊物上发表论文的差异情况，具体结果见表6-18。

表6-18　广东省特殊教育学校教师在内部刊物上发表论文的地区差异

地区	没有		1~3篇		4~6篇		7~9篇		9篇以上	
	人数	所占比例（%）	人数	所占比例（%）	人数	所占比例（%）	人数	所占比例（%）	人数	所占比例（%）
珠三角地区	243	61.0	135	33.9	19	4.8	0	0.0	1	0.3
粤东西北地区	268	72.4	88	23.8	9	2.4	3	0.8	2	0.6

调查数据显示，珠三角地区和粤东西北地区的特殊教育学校教师，没有在内部刊物上发表论文上存在差异，珠三角地区有61.0%的教师没有在内部刊物上发表论文，而粤东西北地区没有在内部刊物上发表论文的教师比例为72.4%，相差10个百分点。在内部刊物上发表1~3篇的珠三角地区教师有33.9%，粤东西北地区教师有23.8%，相差10个百分点。发表4~6篇内部刊物论文的教师比例珠三角地区高出粤东西北地区2.4个百分点。但发表9篇以上内部刊物论文的教师比例，粤东西北地区高于珠三角地区。总体来看，珠三角地区在内部刊物上发表论文人数比例高于粤东西北地区，特殊教育学校教师的整体学术水平珠三角地区高于粤东西北地区。

第三节　广东省特殊教育学校教师
科研工作的影响因素

特殊教育学校教师的科研工作具有重要意义，科研活动水平及教师科研能力不仅是衡量特殊教育学校办学条件的重要指标之一，也是反映教师个体的教育教学潜能的重要指标。因此，探讨影响特殊教育学校教师的科研工作与科研能力的因素十分必要。

一、广东省特殊教育学校教师科研工作与科研能力的性别差异

笔者从"参加科研活动""主持科研课题""发表论文"等角度探讨不同性别的特殊教育学校教师科研工作与科研能力的差异情况。结果见表6-19。

表6-19　广东省特殊教育学校教师科研工作与科研能力的性别比较

性别	没有参加过科研活动		没有主持过课题活动		没有发表过公开论文		没有发表过内部论文	
	人数（n/N）	所占比例（%）	人数（n/N）	所占比例（%）	人数（n/N）	所占比例（%）	人数（n/N）	所占比例（%）
男	121/191	63.4	122/191	63.9	102/191	53.4	104/191	54.5
女	345/577	59.8	418/577	72.4	359/577	62.2	407/577	70.5

由表6-19可知，广东省特殊教育学校的女教师参与科研活动的情况要比男教师略好一些；但是，广东省特殊教育学校的男教师在主持课题研究和发表公开论文以及发表内部论文方面的情况要比女教师略好一些。总体而言，特殊教育学校教师工作与科研能力的性别差异较小，说明性别不是影响科研工作与科研能力的因素。

二、与广东省特殊教育学校教师科研工作有关的因素情况

笔者将广东省特殊教育学校教师的背景变量与科研工作进行相关分

析，探讨哪些因素能影响科研工作。将背景变项中的年龄、教龄、学历、外语水平等因素与"主持课题"的层次水平、"发表论文"的数量进行相关分析，结果见表6-20所示。

表6-20 广东省特殊教育学校教师背景因素与科研工作的相关分析结果

相关因素	主持课题			发表公开论文			发表内部论文		
	r	p	N	r	p	N	r	p	N
年龄	0.200	<0.001	768	0.289	<0.001	768	0.258	<0.001	768
教龄	0.255	<0.001	768	0.339	<0.001	768	0.298	<0.001	768
特教教龄	0.346	<0.001	768	0.454	<0.001	768	0.290	<0.001	768
学历	0.110	0.002	768	0.102	0.004	768	0.014	0.703	768
外语水平	0.012	0.742	768	0.026	0.479	768	0.015	0.679	768
教学工作量	0.015	0.688	768	0.023	0.519	768	0.029	0.428	768
教学技能	0.068	0.061	768	0.163	<0.001	768	0.118	0.001	768
掌握"特教理论"知识程度	0.032	0.373	768	0.096	0.008	768	0.119	0.001	768
掌握"特教研究"技能程度	0.077	0.032	768	0.115	0.001	768	0.149	<0.001	768
参与研讨培训课时	0.241	<0.001	768	0.169	<0.001	768	0.176	<0.001	768
参加本校教研活动	0.021	0.554	768	0.009	0.810	768	0.028	0.443	768

从表6-20可知，广东省特殊教育学校教师的外语水平、教学工作量和参加本校教研活动与科研工作没有显著的相关关系；年龄、教龄、特教教龄、学历、教学技能、掌握特教理论知识程度、掌握特教研究技能程度、参与研讨培训课时与科研工作有显著的相关关系。其中，年龄、教龄、特教教龄和参与研讨培训课时与主持课题、发表公开论文、发表内部刊物论文有显著的关联。从统计结果来看，教师的年龄越大，主持课题和发表论文越多；教龄和特殊教育教龄越长，主持课题和发表论文越多。

第七章 广东省特殊教育学校 教师生活状况

教师是社会价值和个人价值的统一体。教师传承文化，为社会培养人才，实现较大的社会价值；同时，教师还需要满足自身生存和发展的需要，即实现个人价值。教师为社会作出一定贡献，社会就应该为其实现个人价值创造条件。

1986 年颁布的《中华人民共和国义务教育法》中有如下规定：特殊教育学校教师享有特殊岗位补助津贴。历次对该法的修订、修正时，依然强调和保留此条内容。

特殊教育教师的待遇逐渐成为反映地方政府对特教事业重视程度的指标之一。《广东省关于进一步加快特殊教育事业发展的实施意见》（粤府办〔2011〕50 号）提出，特殊教育教师享受特殊教育津贴，特殊教育津贴标准为岗位工资和薪级工资之和的 30%，有条件的地方可适当提高津贴标准；从事特殊教育工作满 15 年并在特殊教育岗位退休的教职工，退休后继续按照本人退休前标准享受特殊教育津贴。从 2018 年 1 月 1 日起，广东省特殊教育教师特教津贴统一调整为 15%。从岗位补助津贴的设计上，反映了特殊教育教师岗位的特殊性。

特殊教育学校教师服务对象是中度到重度的身心障碍的儿童少年，由于生理或心理缺陷，对这些儿童少年实施教学所需的专业理念、专业知识、专业能力等方面要求较高，教师付出的脑力和体力劳动比普通教师多，但是其社会地位和经济地位却难以实现个人价值，特殊教育学校教师的教学难度和心理压力较大。

国内关于特殊教育学校教师的研究主要聚焦于职业压力、职业倦怠、专业发展和专业培训等方面，关注他们生活现状的研究相对较少。事实上，工作和生活的关系是相辅相成的，工作可以为生活提供保障，更好地生活则是工作的目的。

笔者从经济收入、身心健康、生活困扰等方面对广东省特殊教育学校教师进行调研，了解特殊教育教师的生活状况及其影响因素，以期为加强特殊教育学校教师队伍建设提供一定的依据，促进特殊教育事业的进一步发展。

第一节　广东省特殊教育学校教师的经济收入分析

保障每一个残疾儿童少年的受教育权和全面发展权是社会主义国家的鲜明特色，是实现共同富裕的重要途径。特殊教育质量也是衡量一个地区教育水平和社会文明程度的重要指标。坚持特教特办、重点扶持，从改善办学条件、巩固完善经费投入机制、加强教师队伍建设等方面进一步完善特殊教育的保障机制，体现了党和国家在新时期办好特殊教育的决心。

如何加强教师队伍建设？除了满足特殊教育教师的专业发展需求，社会各界还应该关心教师身心健康、关爱教师家庭生活、关怀教师特殊群体、关切教师待遇。广东省作为经济大省，特殊教育学校教师的薪资情况如何？与全国特殊教育学校教师相比处于什么水平？粤东西北和珠三角地区的薪资水平是否存在显著差异？如何突破桎梏，促进特殊教育的均衡发展？

一、广东省特殊教育学校教师的基本薪资情况

笔者对广东省特殊教育学校教师的基本月薪（工资）水平进行调研，结果如图 7-1 所示。教师的基本月薪（含基本工资、岗位津贴、课时津贴等）总体处于中等水平，收入在 3000 元以内的占 22.9%，63.8% 的教师的薪资未超过 5000 元，31.3% 的教师薪资在 5000~10000 元之间，仅有 4.9% 的教师薪资超过 10000 元。

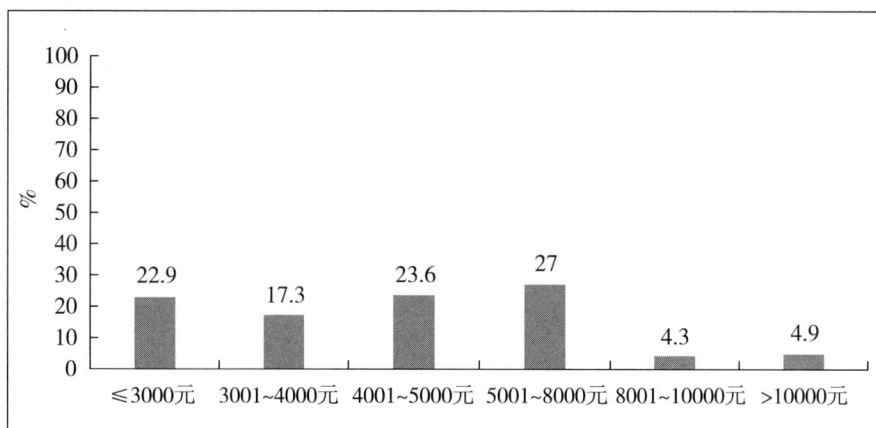

图 7-1　广东省特殊教育学校教师基本月薪水平的总体分布情

对广东省特殊教育学校教师的基本月薪（含基本工资、岗位津贴、课时津贴等）进行地区比较，结果见表 7-1。特殊教育学校教师的基本薪资呈现出较大的地区差异，月薪收入低于 3000 元的粤东西北地区特教教师比例比珠三角地区高出 7.7 个百分点，月薪为 4001~5000 元的粤东西北地区的特教教师比例比珠三角地区高出 7.8 个百分点，月薪为 5001~8000 元的粤东西北地区的特教教师比例比珠三角地区低 2 个百分点，月薪高于 8000 元的粤东西北地区特教教师比例比珠三角地区低 14.3 个百分点。可见，经济越发达地区，特殊教育学校教师的基本薪资越高。

表 7-1　广东省特殊教育学校教师基本月薪的地区差异（n/%）

地区	≤3000 元	3001~ 4000 元	4001~ 5000 元	5001~ 8000 元	8001~ 10000 元	>10000 元
珠三角 地区 （N=398）	77/19.3	67/16.8	79/19.8	111/27.9	28/7.0	36/9.0
粤东西 北地区 （N=370）	100/27.0	66/17.8	102/27.6	96/25.9	5/1.4	1/0.3
广东省 （N=768）	177/23.0	133/17.3	181/23.6	207/27.0	33/4.3	37/4.8

123

二、广东省特殊教育学校教师的其他收入情况

笔者对广东省特殊教育学校教师的其他收入进行调研，结果如图 7-2 所示。总体来看，教师的其他收入（包括奖金、补贴）不多。有 37.1% 的教师除了基本月薪外，不再有其他收入。有 35.8% 的教师的其他收入每月在 2000 以内。有 27.9% 的特殊教育学校教师的其他收入在 2000 以上。

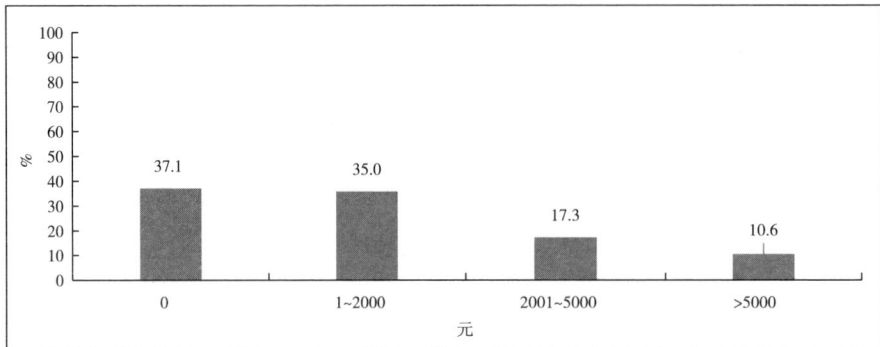

图 7-2　广东省特殊教育学校教师每月其他收入水平的总体分布情况

广东省特殊教育学校教师的每月其他收入进行地区差异的统计结果见表 7-2。特殊教育学校教师的其他收入呈现出较大的地区差异，2000 元是地区差异的分水岭。每月收入水平在 2000 元以下，珠三角地区的教师所占比例低于粤东西北地区。每月收入水平在 2000 元以上，珠三角地区的教师所占比例高于粤东西北地区。在珠三角地区，有 41.4% 的教师每月其他收入在 2000 元以上；但在粤东西北地区，仅有 13.2% 的教师每月其他收入在 2000 元以上，两个地区差距很明显。可见，经济发达的地区，对特殊教育的重视程度较高，教师为特殊学生提供教育服务的机会较多，教师其他收入的情况较好。

表7-2　广东省特殊教育学校教师每月其他收入的地区差异

地区	无补贴		1~2000元		2001~5000元		>5000元	
	N	所占比例（%）	n	所占比例（%）	n	所占比例（%）	n	所占比例（%）
珠三角地区（N=398）	119	30.0	114	28.6	94	23.6	71	17.8
粤东西北地区（N=370）	166	44.9	155	41.9	39	10.5	10	2.7
广东省（N=768）	285	37.1	269	35.0	133	17.4	81	10.5

笔者调研发现，广东省近40%特殊教育学校教师每月无其他收入来源。其中，珠三角地区每月无其他收入的特殊教育学校教师有30%，粤东西北地区每月无其他收入的特殊教育学校教师超过40%。从每月其他收入大于5000元以上的人数看，珠三角地区特殊教育教师有近20%，而在粤东西北地区的教师只占所调查粤东西北地区教师总数的2.7%。

粤东西北地区特殊教育学校教师不仅薪资待遇偏低，而且四成多的教师每月没有其他收入来源。在珠三角地区，特殊教育学校教师经常有学术讲座、个案咨询和辅导授课等机会，可以增加教师其他收入。

三、广东省特殊教育学校教师对经济收入的满意度分析

笔者对广东省特殊教育学校教师收入满意度的情况进行调研，统计结果如图7-3所示，超过一半（54.1%）的特殊教育学校教师对经济收入很不满意和不太满意，对经济收入不太满意（40.8%）和比较满意（43.9%）的教师比例基本相当。本调研数据与杨广学、杨福义等人对全国特殊教育教师专业发展状况的调研结果基本一致。多数特殊教育学校教师对经济收入满意度不高。

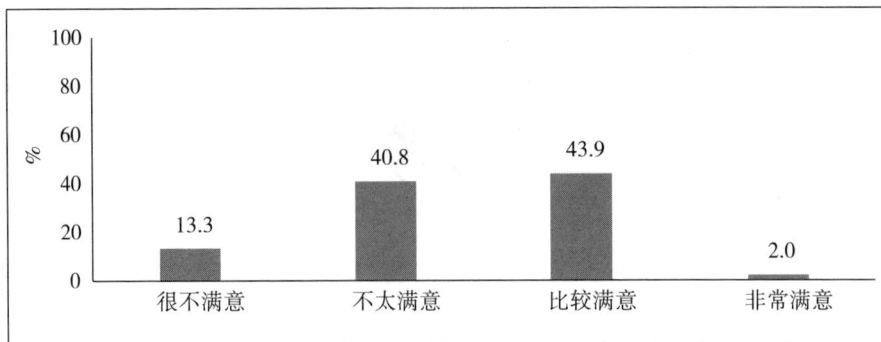

图7-3　广东省特殊教育学校教师对经济收入满意度的情况

广东省特殊教育学校教师对经济收入满意度的地区差异统计结果（表7-3）表明，教师对经济收入的满意度呈现较大的地区差异："很不满意"和"不太满意"两个选项，珠三角地区的人数比例均低于粤东西北地区；相反，在"比较满意"和"非常满意"两个选项，珠三角地区的人数比例均高于粤东西北地区。在珠三角地区，有49.5%的特殊教育教师对经济收入比较满意；但在粤东西北地区，仅有37.8%的教师对经济收入比较满意。可见，经济越发达的地区，特殊教育学校教师对经济收入的满意度也越高。

表7-3　特殊教育学校教师对经济收入的满意度（n/%）

地区	很不满意	不太满意	比较满意	非常满意
珠三角地区 （N=398）	42/10.6	147/36.9	197/49.5	12/3.0
粤东西北地区 （N=370）	60/16.2	166/45.0	140/37.8	4/1.0
广东省 （N=768）	102/13.3	313/40.8	337/43.9	16/2.0

为了进一步研究粤东西北地区和珠三角地区特殊学校教师收入的满意度情况，笔者对四个地区进行方差分析，分析结果见表7-4。广东省特殊教育学校教师对经济收入的满意度在四个地区存在显著差异，$F(3, 1431) = 9.51$，$p = 0.000$，$\eta^2 = 0.02$。事后检验显示，珠三角地区的特殊教育学校

教师对经济收入的满意度显著高于粤西地区的特殊教育学校教师，粤北地区的特殊教育学校教师对经济收入的满意度显著高于粤西地区的特殊教育学校教师。作为经济相对落后的粤西地区，特殊教育学校教师的收入满意度在四个地区中分值最低。

表7-4　广东省不同区域特殊教育学校教师对经济收入满意度的方差分析

	珠三角	粤西	粤东	粤北	广东省
M	2.45	2.18	2.24	2.32	2.31
SD	0.72	0.74	0.82	0.69	0.73

第二节　广东省特殊教育学校教师的健康状况分析

一、广东省特殊教育学校教师的健康现状

笔者对广东省特殊教育学校教师的健康状况进行调研发现，超过80%的教师健康状况为尚可或健康，13.6%的男教师健康状况较差，10.1%的女教师健康状况较差，1.6%的男教师健康状况很糟糕，2.8%的女教师健康状况很糟糕（图7-4）。用卡方检验结果表明，广东省特殊教育学校教师的健康状况在性别上没有表现出显著差异。

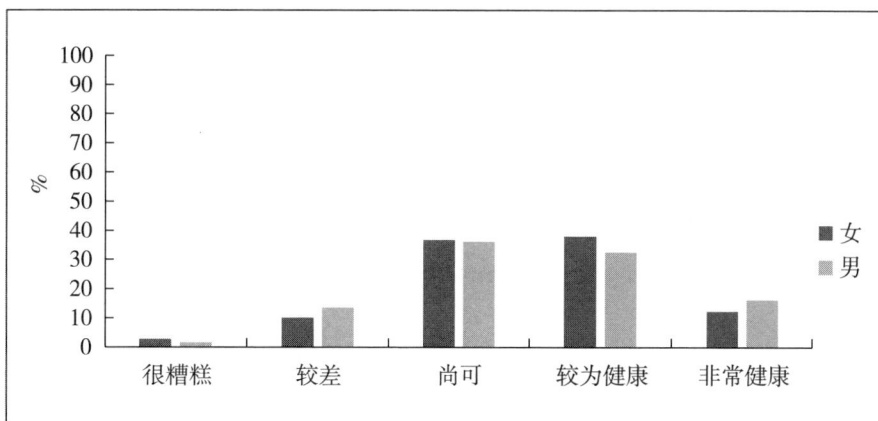

图7-4　广东省特殊教育学校教师健康现状

表 7-5 的数据显示，健康状况"较差"和"很糟糕"的教师主要是中青年教师，这些教师处于职场上升期，是特殊教育学校的骨干力量。随着特殊教育事业不断发展，教师扮演的角色越来越多。社会对特殊教育学校教师的多元性的角色要求，不仅增加了教师工作的难度，也给教师的健康造成极大的压力。对特殊教育学校不同年龄段的教师进行卡方检验，结果表明，广东省特殊教育学校教师的身体健康状况在年龄上表现出显著差异，$c^2(16, N = 768) = 89.30$, $p < 0.05$，事后检验结果显示，26~45 岁的教师报告身体健康状况"较差"的比例显著高于"25 岁以内"的教师。报告身体健康状况"很糟糕"的"56 岁以上"教师比例显著低于其他年龄段的教师。

表 7-5　广东省特殊教育学校教师身体健康状况的年龄差异（%）

年龄段	非常健康	较为健康	尚可	较差	很糟糕
25 岁以内	12.7	44.2	35.5	4.7	2.9
26~35 岁	14.7	33.1	36.0	13.7	2.5
36~45 岁	15.6	31.8	37.0	14.0	1.6
46~55 岁	7.4	41.8	40.2	9.0	1.6
56 岁以上	0.0	50.0	0.0	0.0	50.0

注：N=768。

二、广东省特殊教育学校教师的体育锻炼情况

对广东省特殊教育学校教师近一年每周的体育锻炼时间进行调查结果如图 7-5 所示。特殊教育学校教师参与锻炼的时间普遍偏少，15.6% 的教师基本不锻炼，每周锻炼时间在 1 小时以内的教师约占 30%；每周锻炼时间在 1~3 小时的特殊教育教师占 30%；每周锻炼时间在 3 小时以上的教师仅占 22.4%。数据折射出广东省特殊教育学校教师的体育锻炼意识不强。

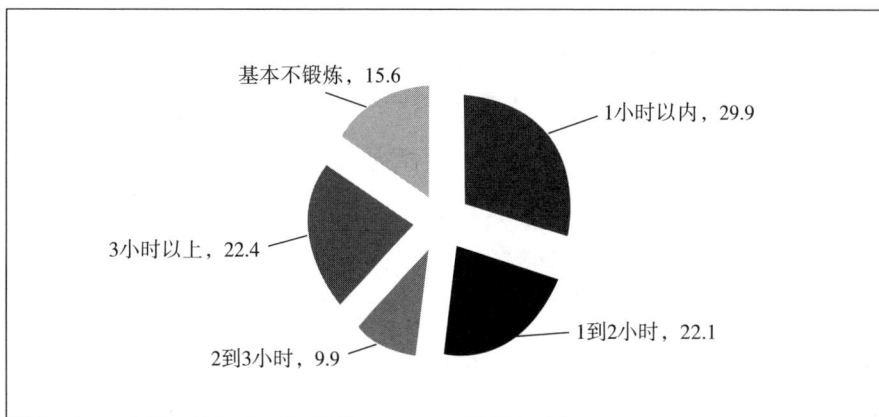

图 7-5　*广东省特殊教育学校教师的每周锻炼情况*（%）

由图 7-6 可知，广东省特殊教育学校女教师的体育锻炼时间明显多于男教师，每周锻炼时间大于 3 小时的女教师占 69.8%，男教师只有 30.2%。总体来说，女教师在参与体育锻炼方面较好，缺乏锻炼也许是导致男教师健康状况较差的原因之一。

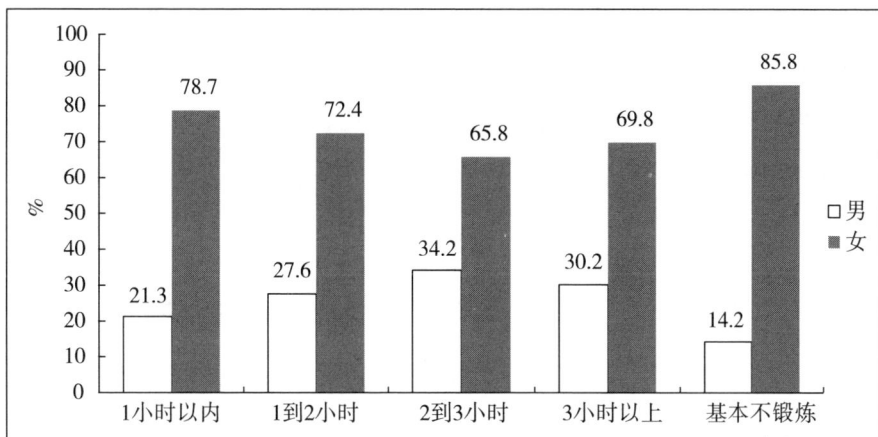

图 7-6　*广东省特殊教育学校教师每周锻炼时间的性别差异*

另外，调研发现（表 7-6），"25 岁以内"和"26~35 岁"这两个年龄段的教师在"3 小时以上"锻炼时间的人数比例较少。随着年龄的增长，锻炼时间增多，"3 小时以上"锻炼时间的人数增多。"56 岁以上"的教师

"基本不锻炼"的比例最高（25%），这可能是因为这一年龄段的教师处于专业发展末期，以居家或者散步为主；其次"基本不锻炼"占比较高的是"26~35 岁"的教师，这可能是因为这一年龄段的教师处于专业发展的重要阶段，日常工作和职业发展占用了大量时间，体育锻炼的时间较少。通过卡方检验发现，广东省特殊教育学校教师的体育锻炼时间在年龄上表现出显著差异，c^2（16, $N=768$）$=80.63$，$p<0.05$。事后检验结果发现，"46~55 岁"的教师每周锻炼"1 到 2 小时"的比例显著低于"25 岁以内"的教师；"46~55 岁"的教师每周锻炼"3 小时以上"的比例显著低于 45 岁以内的教师；"26~35 岁"的教师"基本不锻炼"的比例显著高于36~55 岁的教师。

表 7-6 广东省特殊教育学校教师体育锻炼时间的年龄差异（%）

年龄段	1 小时以内	1 到 2 小时	2 到 3 小时	3 小时以上	基本不锻炼
25 岁以内	29.6	27.3	7.0	19.8	16.3
26~35 岁	30.6	22.3	9.7	17.6	19.8
36~45 岁	32.3	21.4	9.9	23.4	13.0
46~55 岁	25.4	15.6	14.8	35.2	9.0
56 岁以上	25.0	25.0	0.0	25.0	25.0

注：N=768。

第三节 广东省特殊教育学校教师的业余生活状况分析

工作和家庭是支撑人生历程的两个重要领域，幸福美满的家庭生活是特殊教育学校教师保持工作热情、专注专业发展的前提和动力来源；家庭幸福能使其心情愉悦，高效地投入工作中，从而获得更好的专业发展。处理好家庭和工作的关系对许多人来说都具有一定的挑战性。现实中这两个领域对人的角色期望常常在某些方面不相容，容易引起工作和家庭之间的冲突①。

特殊教育学校教师是教师队伍中的特殊群体，面对的是有身心发展障碍的特殊儿童和青少年。教育对象、教育策略及工作环境等方面的特殊性决定特殊教育工作的复杂程度较高。因而，与普通教育教师相比，特殊教育学校教师承受着更大的工作压力。他们每天实际的工作时间往往不仅仅是在校时间，这容易出现工作与家庭之间的边界模糊。国内外学者研究发现，工作和家庭之间的冲突与工作投入降低、离职意愿、生活满意度降低等多种消极后果关联。由于特殊教育工作的特殊性和艰巨性，工作和家庭之间的冲突带来的消极后果不仅会影响教师个体层面的发展，而且对学生、教育事业乃至整个社会都会产生一定的负面影响。因此，了解特殊教育教师的家庭及生活情况对激发教师工作的积极性及其专业发展都具有重要意义。

一、广东省特殊教育学校教师的婚姻状况

笔者调研发现，大部分特殊教育学校教师以未婚的年轻教师为主。未婚教师有 279 人，占 36.3%；已婚无小孩有 54 人，占 7.0%；已婚并养育 1 个小孩的有 243 人，占 31.6%；已婚并养育 2 个小孩的有 192 人，占比 25%。近 40% 的教师未婚，意味着未婚教师有更多的时间投入工作，但也意味着"宜婚宜育"女教师群体不婚不育比例较高。另外，对于已育女教师家庭来说，养育多孩加重女教师的育儿压力。同时，女教师的工作与生活边界相对模糊，她们面临着源于性别与职业的双重挑战。

二、广东省特殊教育学校教师业余生活状况分析

业余生活的内容在一定程度上反映一个人的文化品位和精神追求，也是评定业余生活质量高低的重要指标之一。笔者调研数据显示（表7-7），广东省特殊教育学校教师选择最多的 5 种休闲娱乐方式依次是看电影电视、看书读报、体育锻炼、上网、购物逛街。有一半的教师（50%）选择看电影电视，说明广东省特殊教育学校教师在工作之余，业余生活具有较好的文化氛围。

---

① ANISHA B, MELVIN C L, "*Work life balance and job satisfaction: A review of literature,*" in *MAN-THAN: JOURNAL OF COMMERCE AND MANAGEMENT*, 2020, 7（2）: 108–116.

表 7-7　广东省特殊教育学校教师的日常休闲活动方式

休闲活动	人数（n）	占总人数比例（%）
看电影电视	384	50.0
看书读报	330	43.0
体育锻炼	314	40.9
上网	302	39.3
购物逛街	172	22.4
旅游	138	18.0
去公共娱乐场所休闲聚会	73	9.5
看体育比赛	61	7.9
看各种演出	20	2.6
集邮等收藏活动	7	1.4
其他	55	7.1

注：n 为选择人次，因选项可多选，故百分比之和大于 100%（N=768）。

调研数据显示，特殊教育学校教师业余生活中看得最多的四种报纸杂志依次是《读者》、本地晚报或日报、《人民日报》、《中国教育报》。平时阅读的专业书籍以教辅资料（35.8%）和教育教学理论著作（30.5%）为主（表 7-8）。这表明在特殊教育学校教师业余生活中，阅读的书籍以专业成长为主，教师愿意为解决教学和科研中的问题从教辅材料和教育教学理论著作中寻找答案。

表 7-8　广东省特殊教育学校教师专业书籍阅读情况

阅读的书籍	人数（N=768）	占总人数比例（%）
教辅材料	275	35.8
教育教学理论著作	234	30.5
所教学科的著作	151	19.7
其他专业的著作	60	7.8
其他	48	6.3

网络是现代社会传播信息和知识的重要渠道。如今，通过网络获取信息在很大程度取代了传统报纸杂志。笔者调研特殊教育学校教师浏览网站的情况，统计结果见表7-9。数据显示，近一半的教师浏览网站以综合类网站为主，其次是教育类网站，专业类网站的使用率较低（4.4%），较少教师通过浏览网站来提升自己的专业水平。

表7-9　广东省特殊教育学校教师浏览网站情况

喜欢浏览的网站	人数（N＝768）	占总人数比例（%）
综合类网站	354	46.1
教育网	193	25.1
搜索引擎网站	43	5.6
购物网	43	5.6
专业类网站	34	4.4
其他类型网站	101	13.2

三、广东省特殊教育学校教师从事家务时间情况

目前，专门对特殊教育学校教师的生活状况进行调研相对较少。鉴于教师的多重角色，调研广东省特殊教育学校教师在生活中用于家务的时间，有助于了解特殊教育教师的家庭生活和时间分配情况。调研结果显示（图7-7），特殊教育学校教师每天花1小时以内在家务上的占30.7%，1到2小时的占32.6%，超过2小时的占29.8%，仅6.9%的教师基本没有家务活。数据表明，有29.8%的教师家务劳动负担较大，回到家至少要承担2小时的家务劳动。

特殊教育学校教师的教学任务除了备课、上课、管理学生外，还包括参加各种专业培训、教研活动、学生个别辅导等。这些工作往往无法在有限的工作时间内完成，造成工作和家务在时间上的冲突，影响特殊教育学校教师的生活质量。

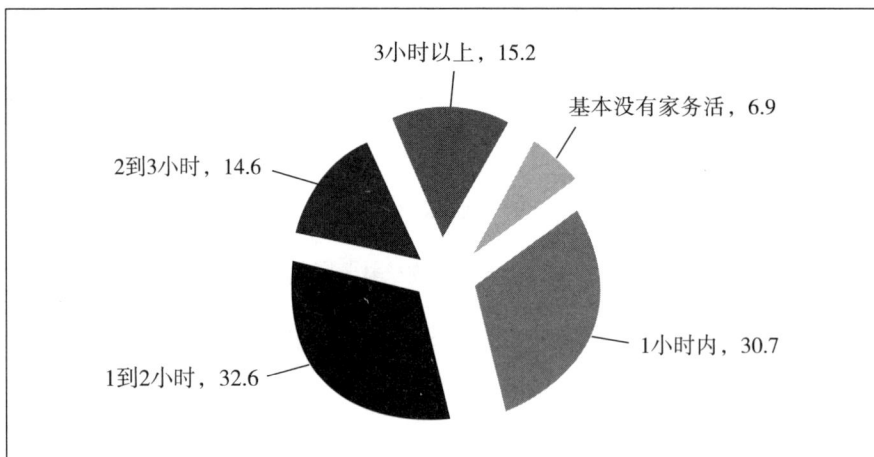

图7-7　广东省特殊教育学校教师每天家务劳动的时间分布（%）

四、广东省特殊教育学校教师的生活困扰状况

笔者对广东省特殊教育学校教师家庭中可能出现的一些困扰进行调研，结果（表7-10）显示，主要的5个困扰依次是经济收入（34.6%）、工作压力（17.1%）、子女成长（14.2%）、身体健康（8.3%）、住房问题（7.3%）。前述对广东省特殊教育学校教师的经济收入满意度调研结果显示，超过一半（54.1%）的教师对自己的经济收入很不满意和不太满意，经济收入较低已经成为困扰广东省特殊教育学校教师的主要因素之一。

工作压力是特殊教育学校教师关注的焦点问题，在生活困扰中位列第二。由于特殊教育教师往往很难从学生的进步中获得像普通教育教师那样的职业成就感，他们经常承受远比普通教育教师大得多的心理和精神压力，而这一问题尚未得到社会应有的重视。

表7-10　广东省特殊教育学校教师的主要生活困扰情况

困扰内容	人数（N=768）	占总人数比例（%）
经济收入	266	34.6
工作压力	132	17.2
子女成长	109	14.2

续表

困扰内容	人数（N=768）	占总人数比例（%）
身体健康	64	8.3
住房问题	56	7.3
无困扰	56	7.3
其他困扰	27	3.7
家庭因素	24	3.1
情感因素	18	2.3
社会保障	16	2.0

经济收入低、工作压力大，已经成为广东省特殊教育学校教师不可忽视的问题。同时还要面对子女成长过程中的教育问题（14.2%）、各方压力带来身体健康状况（8.3%）以及住房问题（7.3%）。而经济问题、工作和家务负担使教师没有多余的时间进行体育锻炼和文体类的休闲娱乐，这些问题在广东省特殊教育学校教师专业发展中都需要引起重视。

第八章　广东省特殊教育学校教师专业化发展的调研结论

第一节　广东省特殊教育学校教师教学情况的总结与建议

一、广东省特殊教育学校教师教学情况总结

（一）广东省特殊教育学校教师工作负担适中偏上

广东省特殊教育学校教师在任教班级、所教科目、所教学生数量上偏多。按照广东省教育厅的统计数据①，2019—2020 学年，全省特殊教育在校生 52869 人，其中随班就读学生 21446 人，占全省特殊教育学生总数的 40.56%。2020 年特殊教育学校专任教师为 5841 人，师生比约为 1∶5.38。按照《广东省特殊教育学校教职员编制标准暂行办法》（粤机编办〔2008〕109 号），招收盲生，聋生，智力障碍，自闭症、脑瘫和多重残疾学生的学校师生比分别是 1∶3、1∶3.5、1∶2.5、1∶2。从调研结果来看，广东省特殊教育学校的学生数量偏多。虽然有一半教师认为其教学工作量适中，但从教学人数来看，广东省特殊教育学校教师所教授的人数远远超额定学生人数，工作负担较重。此外，一些教师还承担除教学以外的很多其他工作，

---

①林霞虹：《四成特殊教育学生在粤实现随班就读》，http：//m.xinhuanet.com/gd/2020-12/31/c_1126929714.htm。

如班级管理、教师竞赛、学生活动、党务工作等，负担相对较重。

（二）广东省特殊教育学校教师独立备课较为普遍

笔者调研发现，广东省特殊教育学校教师备课的形式以独立备课为主，其次是教研组集体备课，这与杨广学、杨福义等的调研结果较为相似。但广东省特殊教育学校教师采用教研组集体备课的比例比全国的数据低六个百分点，这表明广东省特殊教育学校教师在教研组集体备课上有所欠缺。经常使用带教教师指导备课、专家指导备课的比例不足十个百分点，说明教师获得同事或专家的指导和支持水平较低，同事间的教学交流情况较少。此外，调研还发现教师在需要获得的能力支持方面，有 40% 的教师认为需要提高教师间合作能力，反映出教师对同事间支持与合作的强烈需求。

（三）公开课是得到广东省特殊教育学校教师广泛认同的专业发展途径

调研结果显示，近 90% 的教师有过公开课经历，超过 80% 的教师对公开课评价较高，接受程度较好。2020 年广东省教育厅组织的第二届广东省中小学青年教师教学能力大赛中第一次设立"特殊教育组"，绝大多数特殊教育学校教师通过现场或网络观看或参与此次比赛，这次比赛中获奖的特殊教育教师起到一定示范引领，对提升特殊教育学校的教学质量起到积极作用。通过不断的观摩学习、反思，特殊教育学校教师普遍认为能够促进自身专业化程度的提升。

（四）广东省特殊教育学校教师以讲授示范为主并通过与同事讨论进行教学反思

调研发现，广东省特殊教育学校教师最常用的教学方法是讲授示范，其次是个别辅导和练习，这与以往多数的调研结果一致。近年来，虽然有一些教师能够根据特殊儿童少年的学习和心理特点进行个别辅导和练习，但是特殊教育一线教学仍然摆脱不了传统的教学方式，讲授示范使用较多。

教学反思是教师专业发展和自我成长的核心因素之一，是一名优秀教师在成长过程中不可缺少的重要环节。教学反思能力决定着教师的教学能力和在工作中开展研究的能力。调研显示，几乎所有特殊教育学校教师都会进行教学反思。从反思方式上看，同事讨论最多，其次是写教学日记、观摩录像、作业分析、整理教案等。除了传统的写教学日记、整理教案外，通过观看自己的教学录像进行反思，成为特殊教育学校教师进行教学反思的一种方式。

（五）广东省特殊教育学校教师以国家教材为主进行教学

调研显示，广东省特殊教育学校对国家教材的使用率高于地方和校本教材。这与目前教育部和广东省教育厅对特殊教育学校教材使用的规定有关。对于国家没有明确要求的课程教材，教师一般使用地方教材或校本教材进行授课。比如，中山市特殊教育学校开发的校本教材，广东省内不少特殊教育学校也在使用。近年来，特殊教育学校生源障碍类别不断变化，听力障碍和视力障碍学生减少，智力障碍、孤独症和多重障碍学生增加，同时，生源的障碍程度向中重度变化，针对这些变化进一步优化教材的工作迫在眉睫。

（六）广东省特殊教育学校教师对专业知识的掌握参差不齐

调研发现，广东省特殊教育学校教师能够认识到特殊教育基础知识和各类障碍儿童少年教育基础知识的重要性，但从教师对专业知识的掌握程度来看，对特殊教育医学基础、盲文基础、定向行走、视力障碍儿童少年的学习特点、教育需求、生理和心理特点、手语基础等知识认为重要但并未掌握的教师比例超过20%。从对特殊教育基础知识的掌握上看，广东省特殊教育学校教师的医学基础知识相对欠缺；从障碍类型看，听障和视障基础知识较为缺乏。

（七）广东省特殊教育学校教师对教材教法掌握情况较好

从调研结果发现，广东省特殊教育学校教师在专业能力方面，教材教法的掌握情况要比特殊儿童少年康复干预能力好。不足一半的特殊教育学校教师掌握特殊儿童少年康复、特殊儿童少年早期干预、职业教育、语言训练、心理辅导、行为问题管理等相关技能，这表明广东省特殊教育学校教师在与教师技能有关的教材教法上掌握程度较好。但是，高素质、复合型特殊教育教师不仅需要掌握不同障碍类别的教材教法，更需要掌握一定的康复技能。笔者调研发现，广东省特殊教育学校教师在康复干预能力方面有所欠缺。

二、提升广东省特殊教育学校教师教学水平的建议

（一）进一步减轻专任教师的工作负担

特殊教育学校教师普遍存在跨学科、跨班级教学的情况，而且许多教师还兼任学校多项行政事务，使得特殊教育学校教师工作量较大，工作负担较重。进一步提高师生比，落实好学生的个别化教育，提高教辅人员比例，进一步减轻专任教师的工作负担，是进一步优化特殊教育教师队伍建设的重点。

（二）采取多种途径促进教师的专业化发展

首先是充分发挥好公开课的作用。广东省特殊教育学校教师普遍认可公开课对自身专业发展的积极作用，建议特殊教育学校制度化地开展不同形式的公开课。这不仅有利于提高特殊教育教学质量，也有利于优秀的教师脱颖而出，为其他教师提高教学质量提供示范引领作用。

其次是制度化地开展教师教学反思活动，提高教师教学反思能力。充分发挥教学视频的作用，通过教师观摩录像等方式，提出教学中的问题，共同讨论解决思路。反思与教研结合，开展行动研究，提高教学反思能力，提升教师专业化水平。

（三）针对性进行职后教学技能培训，促进复合型教师成长

目前广东省特殊教育学校绝大多数的教师认识到综合掌握特教领域知识和技能的重要性。调研表明，广东省特殊教育学校教师在教材教法上有一定的优势，但在专业技能如康复能力的掌握上相对欠缺。笔者建议无论是教师职后的校本培训还是其他培训，针对重要且教师未掌握的技能，进行有组织、有针对性的职后培训，包括孤独症儿童相关教育教学的知识和技能、早期干预和特殊儿童少年康复等技能等。通过培训种子教师、教师督导等方式，提升特殊教育学校教师的专业技能。

第二节　广东省特殊教育学校教师
专业发展情况总结与建议

一、广东省特殊教育学校教师专业发展情况总结

（一）广东省特殊教育学校教师需要加强特殊教育相关课程教育

笔者调研发现，广东省特殊教育学校教师在从事教学工作之前的专业准备中，近90％的教师修读过心理学，在所有课程中是最高的。

目前，广东省对教师职称评聘、评优评先的要求中明确提出应持有心理健康教育 C 证，因此，有些特殊教育学校或地方教育局会开展以心理健康教育高级、中级和初级（A、B、C 证）的集中培训。通过这类培训，提升广东省中小学教师心理健康教育工作水平，推进基础教育改革与教育质量提升。

调研还发现，约40％的教师在从业之前未修读过特殊教育相关课程，3.4％的教师没有任何专业准备。产生这种情况的原因可能是在政策推动下，许多新建特殊教育学校的教师是通过从普通学校转岗而来，一些教师的专业背景是小学教育、中学教育等；另外，新建特殊教育学校需要体育教育、美术教育、音乐教育、心理健康教育等相关专业的教师，受限于目前职前教师培养很少有师范院校在人才培养计划中加入特殊教育的相关课程，因此存在专业准备上未学习过特殊教育相关课程的情况。

广东省特殊教育学校教师参与新任教师培训的课时数偏低，有将近五分之一的新任教师没有接受过新任教师岗前培训。尤其是在经济较为落后的粤东、粤西和粤北的新建特殊教育学校，新入职教师未经培训、直接上岗的现象较为普遍。一般来说，新任教师存在从知识接受者的角色向知识传授者角色转变的三年过渡期，也是职业生涯中非常关键的一个时期。入职教育作为连接教师职前和职后的纽带，是持续专业发展的重要一环，也是教师质量保障体系的重要构成。有研究表明，教师入职第一年的表现对

其教学产生的影响可能持续多年，甚至覆盖整个职业生涯。

（二）广东省特殊教育学校教师普遍认同带教效果，但部分流于形式

从调研结果可以看出，近70%的特殊教育学校教师有带教教师"传、帮、带"，其中有带教教师中的70%特殊教育学校教师认为非常有帮助，30%认为没有帮助或有些帮助。因此，多数新任教师非常重视带教作用。学校制定相关制度，选拔有经验的教师作为"师傅"，将其从教学中获得的、在生活环境中学到的，并在实际情境中展示的个人实践性知识，通过各种方式传授给新任教师。比如，珠海市特殊教育学校，通过对新任教师建立专业成长支持体系，开展"青蓝工程"，发挥骨干教师"传、帮、带"的作用，促进青年教师成长。

（三）广东省特殊教育学校教师培训形式多样，教研活动频率偏低

调研结果显示，广东省特殊教育学校教师过去两年参加各类型高校或进修机构的培训、讲座，其他学校听课、评课教研活动等，本校听课、评课教研活动等，教学或学科研讨会、会议、培训（不含本校例行教研活动）的总课时大都在60课时以内，有相当一部分教师未参加过专业发展活动，总课时偏低。从频率上看，20%多的教师参与培训的频率为每周一次或一次以上，20%左右的教师每月参加一次培训，每学期一次甚至没有教研活动的比例超过30%，特殊教育学校教师参与培训的课时和频率均偏低。虽然教育部和广东省都在第二期特殊教育提升计划（2017—2020年）中提出，加大培训力度，对特殊教育教师实行5年一周期不少于360学时的全员培训，但从现实情况来看，少数教师两年未参加培训，是值得关注的现象。究其原因，一方面可能与教育主管部门和学校的重视程度有关，部分特殊教育学校领导对教师培训重视程度不够或理解存在偏差，没有从教师专业化发展的角度看待问题，而将培训等同于"福利"。另一方面，也可能与教师对于职业生涯的规划和专业发展的重视程度等因素有关。

（四）特殊教育学校教师在职学历教育以本科为主，非学历培训以骨干教师居多

调研显示，在特殊教育学校教师群体中，82.8%的教师接受过在职的学历教育，超过60%的教师接受过本科层次的学历培训，其中近30%通过在职学历教育取得本科学历。所有教师都接受过不同层次的非学历培训，其中参加骨干教师研修班的教师占总人数的比例最高。

笔者从调研结果分析可知，目前教师在职学历教育主要集中于本科这一层级，这表明目前广东省特殊教育学校教师还有相当一部分的学历为大专及以下。教师通过在职学历培训方式，提升学历水平。非学历培训的类型相对狭窄，其中骨干教师培训的机会相对较多，但仍有超过20%的教师表示未参加过非学历培训，这说明培训的机会和资源存在机会不均等的情况。

（五）广东省特殊教育学校教师在职培训层次以校级和市县级为主

广东省特殊教育学校教师在职培训的主体是高等师范院校、教育学院（教师进修学校）、本校、教育主管部门。从培训层次上看，他们接受的培训层次以校级和市县级为主，能够接受省级及以上的培训的机会相对较少，培训层次总体较低。究其原因，这与广东省特殊教育学校教师队伍建设政策有关。2014—2016年、2017—2020年两期国家级特殊教育提升计划的政策导向是分级负责的教师专业发展体系。《广东省特殊教育提升计划（2014—2016年）》中提出，省级培训负责特殊教育学校校长和骨干教师的培训，市和县负责特殊教育学校教师的全员培训。《广东省第二期特殊教育提升计划（2017—2020年）》中明确提出，省市级承担特殊教育学校教师培训。从整体上来讲，广东省有相对健全的分级负责教师专业发展体系，从调研结果看，特殊教育学校教师的培训层次以校级和地市级培训为主，基本符合国家和广东省的政策导向。

从培训主体上看，对广东省特殊教育学校教师实施培训的主体主要是师范类高校、教育学院（教师进修学校）、本校、教育主管部门等，非师范类高校、专门技能培训机构较少。广东省特殊教育学校教师的培训主体，一方面与管理体制有关，相关培训主要由省教育厅、各地市教育局和特殊教育学校组织，依托华南师范大学、广东第二师范学院、岭南师范学院等省内有特殊教育专业的师范院校承办；另一方面也说明特殊教育专业性较强，非相关师范类的高校和机构很难有师资或实力承接培训项目。综合调研结果，笔者认为对广东省特殊教育学校教师实施的培训主体应该更加多元化，应该加强与专门技能培训机构合作，开展康复训练、语言训练、行为管理技能等方面的培训，提升教师的特殊教育康复技能水平。

（六）广东省特殊教育学校教师的培训形式应该更加丰富

笔者通过调研发现，广东省特殊教育学校教师的培训形式以专家讲课、讲座为主，参加人数占比81%，排行第二的是学科教学专题研讨，参加人数占比56%；实地考察观摩、开展课题研究、名师带教示范等培训形式的比例均在50%以下。这说明广东省特殊教育学校教师所接受的培训形式比较单一，以专家讲课、讲座为主的培训形式可能偏重理论知识的讲授，较少进行实操、示范等方式的培训。

调研数据表明，课题研究和名师带教示范这两种培训形式所占比例均偏低。其实，从教师专业发展的角度来讲，这两种培训形式对教师的成长非常有利。开展课题研究，可将教学实践中的问题以课题形式进行研究，并寻求解决方案，有利于提升教师的综合素质和教学能力；名师带教示范对青年教师有较强的引领作用，教师通过名师带教示范解决和处理教学中遇到的问题，有利于提高其业务能力和专业水平。

（七）广东省特殊教育学校教师培训中修读特殊教育概论、特殊儿童心理学的比例较高，特殊儿童康复学和特殊儿童病理学较低

调查结果表明，广东省特殊教育学校教师在培训过程中修读的特殊教育课程主要包括特殊教育概论、特殊儿童心理学、特殊儿童课程与教学、特殊儿童评估、特殊教育研究方法和特殊儿童早期干预等，但特殊儿童少年康复学、特殊儿童少年病理学课程修读的人数较少。特殊儿童少年的发展不仅依赖于特殊教育，还需要专业的康复治疗的介入。教育对象的特殊性决定特殊教育学校教师职业的特殊性。

特殊教育作为一个跨学科领域，教师掌握与特殊教育、特殊儿童少年相关的学科知识成为专业发展的必选项。特殊教育学校教师的培训内容除了特教专业课程外，还应该增加康复学和病理学等知识。为此，教育主管部门应该建立跨学科的专家团队，有针对性面向特殊教育学校教师培训与特殊教育相关的医学、康复学知识和技能，将"医教结合"理念教育模式落到实处。

此外，笔者调研发现，培训较多涉及专业知识更新和教育技术等方面的内容，而对人文社科知识与教育科研等方面不够重视。特殊教育学校教师要时刻铭记教书育人的使命，应该加强科学研究和人文社科知识等方面的学习，这样有助于教师的知识体系的建立和教学质量的提升。

（八）广东省特殊教育学校教师对培训效果较为满意，但借助互联网开展的培训未得到充分普及

笔者调研发现，总体来说特殊教育学校教师对培训效果较满意。但仍有部分教师对培训态度消极，这可能与培训内容缺乏针对性，很难在教育实践中起到立竿见影的效果有关。

广东省特殊教育学校在职教师专业培训的类型较为丰富，以教育技术培训和校本培训为主，这可能与在职教师的现实需要和我国特教一线实际情况有关。在实际教学工作中，教师需要的是教育技术的培训，如希沃白板的使用、多媒体的使用及课件制作等。同时，校本培训比较容易实施。

随着信息时代的到来，互联网正在深刻地改变着人们的生活和学习方式，借助互联网接受教育是未来教师培训的发展方向。但现实中，特殊教育学校教师使用互联网并借助网络参与培训的情况不理想，这可能与网络培训本身的一些特点有关。比如，教师与学生之间缺乏互动交流，教师对学情的反馈不及时，对教师信息技术运用的能力要求较高等。

（九）广东省特殊教育学校教师参加培训的动力主要来自内部

从调查结果来看，广东省特殊教育学校教师参加各类培训的动力主要是提升个人素质与能力、解决教育实践中的问题和开阔视野、增加阅历。这一结果是比较乐观的，说明大多数特殊教育学校教师对参加各类培训有强烈的内部动力。同时，也有一部分教师参加各类培训的主要动力来自外部，如晋升职称、成为业务骨干等。无论教师参加培训的动力来自内部还是外部，相当一部分教师愿意通过参加各类培训提高专业能力和综合素养，仅有 5.3% 的教师是由于硬性规定不得不参加。

关于培训对教师产生的积极影响，一半以上的教师认为参加教育培训对完成教学任务、考核评价、岗位聘任、个人生活、职务晋升有一定的积极影响或影响很大。其中，多数教师认为参加培训对完成教学任务的影响

最大，说明各类在职培训能够在一定程度上对教师解决教育教学问题提供帮助。但也有 16.0% 的教师认为参加教育培训对职务晋升没有影响，23.0% 的教师认为对经济收入没有影响。导致这种情况的原因可能是参与调研的特殊教育学校教师是事业单位编制，年龄较大，对职务晋升没有太多追求；其二，相当一部分教师涉及的培训是非学历培训，对其职务晋升或经济收入没有太多影响，但学历培训与教师职称评审聘有很大的关系。《广东省中小学教师职称评审办法》和《广东省中小学教师职称评价标准条件》规定，评审初中正高级教师的学历资历条件，如果是大学本科及以上学历，需要在高级教师岗位从事教育教学工作满 5 年；如果不具备大学及本科以上学历，需要在高级教师岗位从事教育教学工作满 10 年以上，并获得国家级教育教学类奖励或荣誉称号[1]。因此，不同的学历水平对在职教师的职称评审、职务晋升有直接的影响。

（十）广东省特殊教育学校教师对培训内容需求广泛，特别是教育技能培训需求较高

广东省特殊教育学校教师对培训内容的需求范围较广，既涉及特殊教育教学与课程论的内容，也涉及特殊教育心理发展的内容，排在前五位的依次是针对学生的不同需要进行教学设计、所教学科的专业知识、与教学有关的信息技术应用、学生的心理发展特点和教育科研方法。有这些需求的教师人数比例均超过四分之一。前述调查结果显示在培训中教育学、心理学的相关培训较多，但对这部分知识未来还需要继续培训。

在技能类培训中，近一半的教师对个别化教育计划的制定和实施、特殊儿童少年诊断与评估、康复技能的需求较大。这充分说明，相对于普通教育教师来讲，特殊教育教师的技能更加具有"复合性"。"十四五"期间，特殊教育学校教师不仅要成为教学型特教教师，还要成为康复型特教教师和巡回指导型特教教师[2]。这说明特殊教育学校教师的角色定位有多

---

[1]《广东省人力资源和社会保障厅　广东省教育厅关于印发〈广东省中小学教师职称评审办法〉和〈〈广东省中小学教师职称评价标准条件〉的通知》，http://www.gd.gov.cn/zwgk/gongbao/2023/2/content/post_4085060.html。

[2] 王雁：《中国特殊教育教师发展报告 2018》，北京师范大学出版社 2020 年版，第 212—214 页。

种层级，同时，教师在工作中认识到特殊儿童少年之间存在较大的个体差异，既需要特殊教育学科知识体系，也需要循证干预与康复能力以及融合教育技能与经验。

（十一）广东省特殊教育学校教师认为最需要培训的时间和最希望的培训形式多样

调查结果显示，绝大多数广东省特殊教育学校教师认为从教 5 年内最需要专业培训，这与相关理论研究结果一致。新任教师教学技能有限，教学经验不够丰富，需要通过培训提升教学能力，因此有强烈的学习需求。也有少部分教师认为从教 9 年后最需要专业培训，这可能是因为特殊教育学校教师随着从教时间的增长，需要接受专业培训以解决在实践中碰到的诸多问题，谋求持续的专业发展。

超过 30% 的特殊教育学校教师接受不脱产的短期集中培训（通过调课，安排空闲时间），极少数（6.5%）的教师愿意利用双休日、节假日、晚上时间安排 1~2 周的不脱产分散培训。从前述调研可知，广东省特殊教育学校教师平时工作量中等偏上，教师之所以对培训时间安排有这样的选择，是因为平时工作压力较大。特殊教育学校应该科学合理安排教师培训时间，比如寒暑假的放假前一周及开学前一周进行，在有限的时间内切实提升培训效果。

调研结果显示，实地考察观摩和名师带教示范是教师最喜欢的培训形式，这说明教师在教学过程中需要对标教学业务榜样和示范者。从统计数据还可以看出，教师喜欢与一线教学相关的、更具有操作性和实践性的培训形式，不欢迎专家指导下进行自学和线上培训。

（十二）经验丰富的教师对广东省特殊教育学校教师专业发展影响较大

从调研结果来看，对教师的专业发展产生影响最大的是经验丰富的教师。而在对教师专业发展几乎不产生影响的数据统计中，学校领导排在第一位，原因可能是学校领导缺乏特殊教育专业背景，缺少专业知识、教学技能及教学经验。经济合作与发展组织在教师教学国际调查中指出，校长角色定位需要从两个方面展开：在个体层面上，该调查将校长的角色定位为"终身学习者"，把校长的职业发展视作一个持续的学习进程，考察校长的专业准备（职前教育与培训）、在职研修（在职教育与培训）和专业发展需求与障碍的状况，以及它们之间的相互关系；在组织层面上，该调查则将校长的角色定位为"学习引领者"，聚焦校长在培育创新文化、促进教师专业协作和学习，以及拓展学校以外联系的专业能力与作用上①。因此，无论从个人层面还是组织层面，校长都是一所学校的灵魂人物，在专业发展中起着"引领者""协同者"和"掌舵手"的角色。

二、对提升广东省特殊教育学校教师专业发展的建议

（一）提高特殊教育学校教师培训质量

《广东省第二期特殊教育提升计划（2017—2020 年）》提出，所有特殊教育学校教师 5 年内要完成不少于 360 个学时的培训，平均每年要达到 72 个学时。但从调研来看，广东省特殊教育学校教师每年的培训学时大多在 1~60 学时，还有少数教师没有参加培训。针对以上情况，学校应在执行层面加大力度，健全培训常态化、制度化机制，提高特殊教育学校教师培训质量。

（二）完善教师培训制度

广东省特殊教育学校教师培训机制尚不健全，缺乏统一规划，导致培训内容缺乏系统性和连贯性。应健全省市区校等各级继续教育培训机制以及岗前培训和在职培训体系，特别注意切实提高经济欠发达地区的师资培训水平，高质量完成 5 年一轮全省特殊教育教师全员培训，确保所有特殊教育教师都能定期参加专业培训。在培训过程中，培训人员要对教师所在岗位应具备的知识储备、心理特质、价值观等进行充分分析和了解，并根据教师不同的专业基础和岗位性质制定个性化的教学目标和安排个性化的培训内容。

（三）科学设计培训课程

科学设计培训课程应遵从成人学习的规律和特点，尊重教师的需求和愿望，以促进教师专业化发展、提高教育教学质量为核心目标，以问题为

---

① 徐瑾劼、朱雁：《面向未来的领导力：校长的专业准备与发展——基于 TALIS 2018 上海数据结果的发现与启示》，《全球教育展望》2019 年第 9 期，第 101—113 页。

导向，精选和优化培训内容，提高培训的针对性和实施性。

在培训内容上，根据调研结果，应该加强对教师亟需的特殊教育医学基础等专业知识、个别化教育计划制定与实施、特殊儿童少年心理辅导、特殊儿童少年行为管理与矫正等专业技能进行有效培训，并进行定期考核，以尽快扭转部分教师专业技能掌握薄弱的局面。

在培训形式上，要将理论学习、实地观摩和实践训练相结合，专题学习与交流研讨相结合，经验总结与反思体验相结合。理论学习要增加案例分析内容，实践训练要注重能力提升方法，交流研讨要强调打造学习共同体，反思体验要聚焦教育教学行为改进。

从时间安排上，定期且以不脱产的形式持续一年、半年或一学期左右，以便教师可以有充足的时间和精力保质保量地完成培训计划，深入学习掌握新的知识和技能。

此外，特殊教育学校还应该不断创造条件和机会，鼓励教师在职攻读特殊教育专业硕士、博士学位，逐步提高整个特殊教育教师队伍的学历层次，全面提升特殊教育师资的专业化水平。

第三节 广东省特殊教育学校教师职业情况总结与建议

一、广东省特殊教育学校教师职业情况总结

(一) 广东省特殊教育学校教师职业认同情况

（1）广东省特殊教育学校教师的情感认同较高，不同背景变项的特教教师在情感认同上不存在显著差异。超过99%的教师对特殊教育教师这份职业是非常认同的，且基本不受性别、年龄、教龄、学校所在地区等因素的影响。

（2）广东省特殊教育学校教师的价值认同和一般教育效能感高，且不同性别、教龄的教师一般教育效能感存在显著差异。超过94%的教师肯定

特殊教育事业的价值，愿意投入其中，并表现出积极的一般教育效能感。但也有部分教师持有消极的一般教育效能感，不同性别和教龄的教师的一般教育效能感有显著差异。其中，女教师的一般教育效能感高于男教师，这个研究结果与一些学者进行的全国特殊教育教师的研究结果不同。全国的数据显示，性别并不是影响特殊教育教师一般教育效能感的因素[①]。1~5年以及20年以上教龄的教师的一般教育效能感得分显著高于6~20年教龄的教师，显示出"中间低，两头高"的趋势。原因可能在于刚工作的教师入职伊始对特殊教育事业比较有新鲜感，但随着教龄的增长，发现实际困难和问题比刚工作时增多，从而教育效能感降低；随着教龄增加到一定年限，工作经验不断增加，教学技能进一步提升，教育效能感进一步提高。

（3）广东省特殊教育学校教师的从教动机主要来自外部，有少部分教师有离职意向，年龄、教龄、职称和专业背景等成为其离职因素。

笔者对广东省特殊教育学校教师的专业认同情况主要从从教动机和离职意向两个角度考察。从统计数据看，广东省特殊教育学校教师的从教动机以外部动机为主，包括工作稳定、带薪寒暑假等。有部分教师为了个人理想而选择特殊教育职业，但比例相对较低。从离职意向看，教学压力较大、待遇偏低、个人职业发展受限是导致广东省特殊教育学校教师想要离职的主要原因。虽然特殊教育学校属于公办性质，教师流动性相对较低，但离职意向会影响特殊教育学校教师的工作积极性，进而影响其教学热情和质量。

统计结果显示，年龄是影响广东省特殊教育学校教师离职意向的主要因素之一，35岁以下的教师离职意愿较强。对于年轻教师来讲，世界纷繁复杂、多姿多彩，容易让年轻教师产生换个工作或者行业的想法。也就是说，教龄和年龄有较大的关系，教龄短的教师离职意愿强一些。

笔者调研发现，职称也是影响广东省特殊教育学校教师离职意向的主要因素之一，无职称和初级职称的教师离职意愿较强。客观地说，特殊教

[①]杨福义：《我国特殊教育学校教师教育效能感的调查与分析》，《全球教育展望》2019年第2期，第118—128页。

育学校教师职称评审相对较难，无职称和初级职称的教师在备课、授课、班级管理、教师培训、教学竞赛、撰写论文、教科研课题申报及结项等方面工作强度较大，但薪酬与付出不成正比，导致无职称和初级职称教师具有较强的离职倾向。

此外，调研数据表明专业背景同样是影响广东省特殊教育学校教师离职意向的主要因素之一，具有特殊教育专业背景的特教教师离职倾向较强。具有特殊教育专业背景的教师，经常接触和教育特殊儿童少年。教育对象的特殊性使教师付出极大的努力但可能收效甚微，特殊教育学校教师不容易像普通教育教师那样获得一定的成就感，容易产生职业倦怠，进而产生离职意向。

（4）广东省特殊教育学校教师对职业发展期待首先是受学生喜欢的教师，性别、年龄、学历、教龄、特教教龄和学校所在地区等方面也是影响教师职业发展期待的主要因素。

调研数据显示，近30%的教师希望成为受学生喜欢的教师，23.05%和17.06%的教师希望成为教学型教师和研究型教师。不同的广东省特殊教育学校教师的职业发展期待在人口学变量上有显著差异。

从性别上看，特殊教育学校女教师的教学热情较高，更希望在教学中产生职业认同。而特殊教育学校男教师希望能将日常教学工作和研究结合起来，其职业发展规划为"研究型教育家"。

从年龄上看，不同年龄段的特教教师对职业发展期待存在显著差异。年轻特教教师希望成为"教学型教师"，这可能与其职业发展规划有关；一般来说，特殊教育学校中年教师已经获评相应职称，希望成为"受学生欢迎的教师"；而年龄较大的特殊教育学校教师在特教行业辛勤耕耘了一辈子，职业发展处于"天花板"状态，希望成为"合格教师""自得其乐教师"。

学历对特殊教育学校教师的职业发展认同呈现显著差异。学历较低的教师希望成为受学生欢迎或教学型教师。具有相关研究背景、接受过科研训练的研究生学历教师会倾向成为研究型教师。

（二）广东省特殊教育学校教师工作满意度较高，在性别、专业背景、年龄、教龄和特教教龄上存在显著差异

调研结果显示，广东省特殊教育学校教师的工作满意度较高，超过70%的特殊教育学校教师对问卷中的7个考察维度（工作本身、成就感、同事关系、领导关系、师生关系、工作环境和发展前景）感到满意或非常满意。其中，对师生关系的满意程度超过90%，但在经济收入、社会地位和社会认可等方面满意度较低。

从性别看，男特教教师的工作满意度高于女特教教师。广东省特殊教育学校中男性教师偏少，职业发展空间较大，晋升的机会较多，因此工作满意度较高。这个结果与全国的相关调研数据不同①。全国的调研结果显示，女特教教师的工作满意度显著高于男特教教师。也有研究结果显示，不同性别的特教教师的工作满意度不存在显著差异②。因此，特殊教育学校教师的工作满意度是否存在性别差异可能与样本的具体情况有关。

从专业背景看，不具备特殊教育专业背景的特教教师的工作满意度高于特教专业背景教师。现实中，特殊教育学校部分师资是从普通学校调整过来的，这些教师大都不具备特教专业背景。与普通学校的教学工作相比，特殊教育学校没有升学压力，学生课后作业也相对较少，教师会感觉身心比较轻松，因此工作满意度相对较高。

从年龄看，年龄在46~55岁的特教教师工作满意度显著高于25岁以内和36~45岁的特教教师。25岁以内的特教教师从事特教事业不久，还处在适应特殊教育教师角色中；36~45岁的特殊教育学校教师是工作和家庭生活的顶梁柱，面临职称评聘的压力，工作满意度相对较低。

从教龄看，有20年以上教龄的教师工作满意度显著高于1~5年教龄的教师。教龄越长的教师，相对来说工作驾轻就熟，教学压力较小，因此工作满意度较高。

---

①杨广学、杨福义等著：《中国特殊教育教师专业发展状况调查与政策分析报告》，华东师范大学出版社2014年版，第111页。

②熊紫媛：《特殊教育教师情绪劳动对工作满意度的影响研究》，华东师范大学硕士论文，2019。

从地区差异看，珠三角地区与粤东西北地区相比，特殊教育学校教师的工作满意度没有显著差异，这表明特殊教育学校教师的工作满意度与经济、社会、文化等方面的差异关联不大。

（三）广东省特殊教育学校教师职业倦怠处于中上水平，存在一定的性别差异

从调研结果来看，超过 50% 的特教教师"常盼望有假期不用上班"和"在工作上有挫折感"。从背景变项的差异分析看，性别差异是影响广东省特殊教育学校教师职业倦怠的因素之一，女特教教师的职业倦怠要高于男特教教师。

（四）广东省特殊教育学校教师自尊水平有地区差异，自我效能感在教龄和职称上存在显著差异

广东省特殊教育学校教师具有积极的人格特质，自尊水平和自我效能感较高。

特殊教育学校教师在自尊水平上有地区差异，珠三角地区的特殊教育学校教师显著高于粤东西北地区。相对而言，珠三角地区经济较为发达，社会对特殊教育教师的尊重程度较高，有助于特殊教育学校教师更好地实现自我价值。粤东西北特殊教育学校教师的自我效能感在教龄上和职称上存在显著差异。教龄在 20 年以上的特教教师自我效能感显著高于 1～5 年教龄的特教教师；具有高级职称的教师自我效能感水平显著高于无职称以及拥有初级职称的教师。

二、对广东省特殊教育学校教师职业发展的建议

（一）加大对年轻教师的培训力度，提升新任教师的知识和技能水平

从调研结果看，教龄短、职称低的特殊教育教师离职意向较高，工作满意度较低，自我效能感较低。英国教育协会的调查显示，超过 20% 的新任教师会在职业生涯开始的两年内退出，33% 在 5 年内退出[①]。2022 年 1 月，美国全国教育协会对 3000 多名教师进行调查，结果显示职业倦怠是一

[①]Department for Education. Teacher Recruitment and Retention Strategy，https：//www.gov.uk/government/publications/teacher-recruitment-and-retention-strategy。

个比较严重的问题，超过一半的人表示比计划提前离开教学岗位。而该协会 2021 年 8 月对教师进行类似调查时，只有 37% 的人表示打算离开①。

近年来特教事业不断发展，特殊教育教师不仅要掌握必备的专业知识，而且要具备对特殊儿童少年进行诊断、评估、教育和康复的能力。因此，特殊教育学校有必要为特殊教育教师，尤其是年轻教师定期提供专业知识技能培训。而且，培训内容要与时俱进，重视教学实践操作，适当增加培训频率，扩大培训范围，持续提升特殊教育教师教书育人能力素质。随着教师综合能力的不断提高以及教学条件的进一步改善，年轻的特殊教育教师会获得更多的成功体验，这对提升特殊教育教师的工作满意度，提高其自我效能感具有重要意义。

（二）创造支持性条件，塑造特殊教育学校教师积极的人格特质

首先，在全社会营造良好的尊师重教氛围，提高特殊教育教师的社会地位。随着国家和地方对特殊教育事业的逐渐重视，特殊教育教师的社会地位有了一定改善，但是相比普通教育教师，社会对从事特殊教育的教师看法或评价较低，容易使特殊教育教师产生自卑感和失落感。高素质的特殊教育教师不仅是人才，而且是有特殊教育专业知识的人才，他们理应受到全社会广泛尊重。相关教育主管部门和特教学校可以通过媒体宣传，让更多人认识到特殊教育教师的工作性质，提高特殊教育教师的职业声望，让特教教师真正成为最受社会尊重和令人羡慕的职业。

其次，相关教育主管部门和特殊教育学校应该为特教教师提供心理咨询服务，或针对特殊教育教师心理困惑开展心理健康教育讲座等。校长及其他行政管理者要善于激发教师的教学热情和激情，当教师在工作中取得一定成绩时，要给予他们足够的肯定和表扬。教师获得外部精神鼓励后，自我效能感会相应增强，从而激发其前进的动力，形成正向积极的工作态度；同时，可以让教龄较长的教师作为心理疏导师，为存在离职意向较强、职业倦怠较重、工作满意度较低的教师及时提供心理咨询和教学经验

---

①过度工作、焦虑与心理健康危机如何引发全美教师离职潮，https：//m. thepaper. cn/newsDetail _forward_ 18223914。

分享，缓解其由于工作压力带来的紧张、焦虑以及情绪低落等问题。

最后，特殊教育学校教师应该树立正确的价值观，积极接受、认同自己的身份和职业，不受外界对特殊教育的负面舆论和评价的影响；培育自身亲和力，保持健康阳光的心态，学会自我放松、自我解压，正确认识自己和特殊教育对象。

(三) 优化职称晋升制度，完善评价体制

从调研结果来看，广东省特殊教育学校教师的职称等级对其离职意向和自我效能感有一定的影响。《广东省第二期特殊教育提升计划（2017—2020年)》提出，"落实并完善特殊教育津贴等工资倾斜政策，核定绩效工资总量时适当倾斜"。但从职称评聘的操作层面来讲，特殊教育学校教师的职称评聘与普通教育学校教师是同样的标准，还没有明确的政策向特殊教育教师倾斜。实际上，特殊教育和普通教育在办学体系、教学方式、评估标准和保障措施等方面差异明显。因此，在职称评聘上，应制定相关政策对特殊教育教师进行适当倾斜，对有突出贡献的教师允许"破格"晋升职称，充分调动广东省特殊教育学校教师的工作热情，降低工作倦怠感，使其在教育教学工作中获得较大的精神满足。

第四节　广东省特殊教育学校教师科研情况总结与建议

一、广东省特殊教育学校教师科研情况总结

(一) 广东省特殊教育学校教师对科研基础知识和科研技能认同较高，相关培训地区差异不大

调研结果显示，广东省特殊教育学校教师对科研基础知识与科研技能认同较高但掌握程度较低，认为非常重要的超过80%，但仅有40%多的教师认为自己掌握程度较好，这说明教师对科研基础知识的掌握和科研技能的提升存在较大需求。笔者对科研基础知识和科研技能的相关培训进行调

研后发现，有20%多的教师没有接受过相关培训，但接受过相关培训的教师中有近40%教师认同培训效果，并有40%多特殊教育教师希望接受课题申报或研究方法的培训。

另外，笔者对比珠三角地区和粤东西北地区的特殊教育学校教师科研知识和技能培训的差异，发现相关培训的地区差异并不大，但未达到全覆盖。特殊教育教师对科研知识和技能的相关培训可能多数是省级培训项目中的内容，参加培训的教师来自全省，因此在开展课题研究、受过教育科学研究、掌握特殊教育教学研究三个方面较为相似，但在"修读特殊教育研究方法"上差异较大。一般来说，在特殊教育教师学历教育中会设置该研究方法的相关课程，由于不同地区特殊教育教师的学历教育不同导致修读特殊教育研究方法不尽相同。

（二）广东省特殊教育学校教师主持和参与科研课题人数较少，学历和职称存在群体差异

笔者调研发现，广东省特殊教育学校教师中有70%多的教师从未主持过科研课题，而有将近40%的教师没有参加过科研活动；从研究内容看，主持和参与"教育教学研究"和"学科专业研究"较多；从地区看，地区差异大，珠三角地区的特殊教育学校教师主持和参与科研课题的比例较高，表现在主持课题情况方面相对突出，高出粤东西北地区20个百分点；从学历上看，主持和参与课题研究的学历主要集中在研究生和本科层次，且教师学历越高，主持和参与课题的机会越多；从职称上看，未主持过课题研究的比例随职称升高而降低，中级职称主持和参与校级课题较多，高级职称主持和参与校级以上职称占比最高。

综上，珠三角地区经济相对发达，比较重视特殊教育事业的教学和科研，在申请科研立项时质量较好、优势较大，因此该地区课题立项成功概率较大。随着特殊教育学校教师学历和职称的提升，在主持和参与课题方面优势明显，容易产生"聚集效应"。

（三）广东省特殊教育学校教师参与科研状况与工作量主观感受有关

从调研中发现，认为工作量偏重、较重和适中的特殊教育教师没有参加过科研活动的人数比例超过50%，未参与科研的教师比例高于参与科研的比例（11.6%~27.6%）。特殊教育学校教师对工作量的主观感受与其是否参加科研活动没有必然联系。主要原因可能是，有的教师需要承担更多的行政工作或者班级管理工作导致其没有时间和精力参加科研活动，也可能一些教师认为完成教学工作就可以了，没有必要参加科研活动。特殊教育学校教师科研活动的参与情况既能反映教师参与科研活动的积极性，也能反映所在学校或地区的特殊教育科研环境。

（四）广东省特殊教育学校教师论文发表数量不足，存在地区差异

广东省特殊教育学校教师中有不到40%在公开出版物或内部刊物上发表过论文，其中多数只发表过1~3篇论文。论文发表数量在7篇以上的教师非常少。从地区来看，珠三角地区特教教师比粤东西北地区特教教师发表论文情况好，前者比后者高10~20个百分点。

接受过教育科研培训的教师群体的科研论文发表情况好于没有接受过培训的教师群体。原因可能是，调研样本中的特殊教育学校教师职称在中级职称及其以下的教师占比近90%，中级职称人数不到30%。受评审要求[1]影响，如小学一级教师评价条件中的教研科研条件中，需要"任现职以来主持或参与（除主持人外排名前3名）并完成1项本学科的校本教研项目；任现职以来独立撰写本学科教学研究论文1篇"，对科研项目和科研成果的要求数量和级别不高，一些教师为完成职称评审要求来撰写论文，而不是研究性地开展教学并将成果发表，导致调研结果中特殊教育学校教师的论文发表数量不多。

（五）影响特殊教育学校教师科研工作的因素

笔者调研发现，广东省特殊教育教师的科研工作因性别差异影响较小，但受年龄、教龄、特教教龄和参与研讨培训课时与主持课题、发表公开论文和发表内部刊物等情况影响较大。值得注意的是，外语水平与主持和参与课题的相关性并不明显，可能的原因是课题立项主要基于本土的教学经验，较少参考国际的经验和做法。

---

[1]《广东省人力资源和社会保障厅　广东省教育厅关于印发〈广东省中小学教师职称评审办法〉和《〈广东省中小学教师职称评价标准条件〉的通知》，http://www.gd.gov.cn/zwgk/gongbao/2023/2/content/post_4085060.html。

二、对提升广东省特殊教育学校教师科研情况的建议

（一）完善培训机制，增强教师的科研基础知识与技能的培训

广东省特殊教育学校教师培训除了省级培训增加科研基础知识与技能的相关培训内容外，还应该在市级和校级培训中增加相关培训内容。具体地说，省级培训可以偏重理论层面，市级培训要以理论与实践相结合为主，校级培训要把省级和市级培训内容落实到教学研究中去。把发现问题、提出问题、研究方法（实验研究、行动研究或量化研究等）、论文发表规范等由理论到实践逐步落实，促进特殊教育学校教师把所学到的相关理论、方法运用于实践，促进特教教师在理论与实践结合的过程中，逐步提高教育科研能力。同时，特殊教育学校要广泛建立与高校的科研合作伙伴关系。作为实践者的一线特教教师与作为研究者的高校研究人员结成科研合作伙伴，合作开展科研项目，建立有效的互动机制，一方面能够有效地弥补特教教师在研究技能方面的短板，另一方面也能使高校研究人员的研究更加具有实践性和应用性。

（二）推进特殊教育均衡发展，提升粤东西北地区特殊教育学校教师科研素养

笔者调研发现，粤东西北地区的特教教师科研成果数量少于珠三角地区。珠三角地区特殊教育发展起步较早、发展较快、教育资源较为丰富，特殊教育学校教师获得的培训机会较多，教学视野比较开阔。2021 年 8 月，广东省人民政府印的发《广东省推动基础教育高质量发展行动方案》提出"基础教育高质量发展"，要求"建立全口径、全方位、融入式结对帮扶机制。加大珠三角地区对粤东粤西粤北地区帮扶力度，重点帮扶提高中小学校长、教师、教研员能力素质，提供教学、教研、信息化、管理等全方位支持"。因此，珠三角地区要主动建立与粤东西北地区的市与市、县与县、师范类院校的结对关系，珠三角地区特殊教育学校应加大对粤东西北地区特殊教育学校的帮扶力度，充分发挥优质教育资源，满足粤东西北地区的特殊教育需求，推动全省特殊教育事业高质量发展。

（三）提高教师外语水平，为完成高层次科研成果创造条件

调研发现，广东省特殊教育学校教师的外语水平普遍偏低，而外语尤

其是英语水平，是影响教师科研能力的重要因素之一。

特殊教育学校教师主持和参与的高级别课题较少，大多属于校级课题研究。特殊教育事业高质量发展需要借鉴世界各国特殊教育教学、干预、康复、管理等先进经验，学习和交流国际特殊教育工作实践和科研成果，进而形成特殊教育发展的中国经验，提高中国在特殊教育领域的国际地位。

（四）以学校为载体创设科研条件，引导特殊教育学校教师参与多种科研活动

教师的主阵地是学校。校长是学校管理的核心人物，是学校的神经中枢。校长的素质、管理理念、决策水准、工作技能等方面的优劣，直接关系到学校管理项目的质量和各环节工作的顺利进行。同时，在学校文化建设中，校长应将学校的科研文化作为校园文化建设的重点，通过校本研究项目、科研课题研究等方式，组建教师进行自主探究、专业学习和实践的科研工作团队。校长要鼓励教师之间交流与合作，促进科研和教学的创新；鼓励教师通过发表学术论文提升效能感和成就感，进而增强其投入科研活动的动力。有利于全校形成教师积极主持和参与科研项目的良好氛围。

（五）采取措施避免各种不利于提升特殊教育教师科研水平的因素

笔者调研发现，影响广东省特殊教育学校教师科研工作与科研能力的因素很多，如年龄、教龄、特教教龄、参与研讨和培训课时等因素都对教师主持课题、参与课程研究和发表论文有显著的影响。因此，教育主管部门，尤其是特殊教育学校应该采取一定措施尽量避免这些因素对特殊教育学校科研活动的不利影响。例如，多给年轻教师参与课题研究的机会，重点培养骨干教师使其在课题研究和论文发表上有所突破；建立健全科研项目"老带新""师徒制"的培养机制；增加科研相关内容的培训学时数和有效性，提升特殊教育学校整体科研水平，促进特殊教育学校高质量发展。

第五节　广东省特殊教育学校教师
生活情况总结与建议

一、广东省特殊教育学校教师生活情况总结

（一）特殊教育学校教师的经济收入总体属于中等，存在地区差异

笔者调研发现，广东省特殊教育学校教师的基本薪资（含基本工资、岗位津贴、课时津贴等）总体处于中等偏低水平，22.9%的教师基本月薪未超过 3000 元。超过一半（54.1%）的教师对自己的经济收入不满意。珠三角地区的特殊教育学校教师的基本薪资和其他收入相较于粤东西北地区较高，且对收入的满意度也较高。

（二）特殊教育学校教师的健康状况良好，但普遍缺乏体育锻炼

调研显示，绝大多数特殊教育学校教师健康状况较好，但普遍缺乏一定的体育锻炼。15.6%的教师基本不锻炼，每周锻炼时间在 3 小时以上的教师仅有 22.4%。相对而言，女教师的体育锻炼时间较长，不同年龄教师在健康状况和体育锻炼时间上表现出显著差异；26~45 岁教师身体健康较差比例显著高于 25 岁以内教师。46~55 岁教师每周锻炼 1 到 2 小时的比例显著高于 25 岁以内的教师，且每周锻炼 3 小时以上的比例显著高于 45 岁以内的教师；26~35 岁基本不锻炼教师的比例显著高于 36~55 岁的教师。显示出中年教师身体健康状况比年轻教师差，但参与体育锻炼时长明显比年轻教师长的特点。

（三）特殊教育学校教师娱乐方式多样化

调研显示，特殊教育学校教师娱乐方式多样化，而选择最多的 5 种休闲娱乐方式依次是看电影电视（50%）、看书读报（43%）、体育锻炼（40.9%）、上网（39.3%）、购物逛街（22.4%）。

（四）特殊教育学校未婚教师比例较高，已婚教师家务劳动偏多

接受调研的大部分特殊教育学校教师以未婚的年轻教师为主。已婚教

师每天花在家务劳动上的时间较多，2 小时以上的占到近 30%，仅有 6.9% 的教师认为自己基本没有家务劳动。

（五）特殊教育学校教师主要的生活困扰是经济收入

广东省特殊教育学校教师最主要的 5 种生活困扰依次是经济收入、工作压力、子女成长、身体健康、住房问题。可见，经济收入偏低、工作压力较大以及与此有关的问题成为特殊教育学校教师生活的主要困扰。

二、对改善广东省特殊教育学校教师生活情况的建议

（一）提高特殊教育学校教师经济待遇

笔者调研发现，经济收入偏低已经成为困扰特殊教育学校教师生活的主要因素之一。特殊教育学校教师收入水平偏低，对师范类特教专业毕业生缺乏吸引力，这已经成为特殊教育事业高质量发展面临的主要挑战之一。

1956 年，我国开始设立特殊教育津贴，对盲聋哑中小学的教师、校长、教导主任按评定的等级工资另外加发 15% 的津贴，部分地区存在超标准发放特教津贴的情况。2005 年，中共中央办公厅、国务院办公厅转发中央纪委、监察部、财政部、人事部、审计署等六部委《关于做好清理规范津贴补贴工作的意见》，要求各级地方政府做好清理不符合规定的各项津贴补贴，不得随意提高津贴标准和扩大补贴范围，一时间，各地自行拔高的特教津贴纷纷退回 15%。2018 年 1 月，广东省特教津贴从岗位工资和薪级工资之和的 30% 统一调整为 15%，一定程度上降低了特殊教育职业的吸引力。广东省作为经济大省，如何平衡政策与现实之间的矛盾，减轻特殊教育教师生活压力，吸引更多高素质的人才充实到特殊教育队伍中来，探索符合广东省的特殊教育师资保障制度建设，未来需要相关部门进行深入研究。

（二）给予政策倾斜，缩小珠三角地区和粤东西北地区特教教师收入差距

调研显示，广东省各地特殊教育学校教师整体的工资收入水平存在差异，珠三角地区明显高于粤东西北地区。2018 年，广东省提出并推进实现

"两个不低于或高于"政策（县域内中小学教师平均工资收入水平不低于或高于当地公务员平均工资收入水平，县域内农村中小学教师平均工资收入水平不低于或高于当地城镇教师平均工资收入水平），并积极推进实施"强师工程"和"乡村教师支持计划"，着力加强粤东西北地区教师队伍建设，努力缩小地区间的师资差异。但目前，全省优质师资分布仍不均衡，珠三角地区的师资水平、教师收入与粤东西北地区仍存在较大差距。今后，除了全面落实"两个不低于或高于"的政策外，教育主管部门应依据学校所在地区经济发展水平制定并实行差别化补助方案，鼓励有条件的学校提高补助标准。

（三）合理保障特殊教育学校教师体育锻炼的时间和条件

笔者调研发现，特殊教育学校女教师体育锻炼时间明显多于男教师。中年教师的体育锻炼时间明显高于年轻教师。这提示学校要特别关注男教师和中年教师的健康状况。身体是革命的本钱，学校可以将教师的体育锻炼列入日常工作内容，进行绩效考核，提高教师参加体育运动的积极性；还可以组织教师进行球类比赛、举办运动会等体育活动；添置和完善体育运动装备和器材，方便教师充分利用在校时间进行体育锻炼，减少亚健康状态，促进身心发展。

第六节　新时代广东省特殊教育学校教师队伍建设的路径初探

强化特殊教育普惠发展，是党的二十大关于新时代特殊教育性质、内涵和发展目标的最新论述，在我国特殊教育发展史上具有十分重要的意义，建设一支数量充足、结构合理、专业扎实的特殊教育教师队伍，是强化特殊教育普惠发展的关键。面对特殊教育师资数量与质量的双重压力，环境性内因和外因导致的专业发展机会不足等困境，需要优化现有的师资培养与供给模式，满足不同类型特殊教育学校教师队伍建设需求，运用政策导向对特殊教育师资队伍建设进行路径设计。

一、采用多种措施建立灵活多元的特殊教育学校教师队伍培养和补充机制

依据《广东省"十四五"特殊教育发展提升行动计划》要求，如何利用有限的资源培养和补充特殊教育师资成为广东省特殊教育师资队伍亟待解决的问题之一。

首先，广东省教育主管部门要科学测算全省特殊教育学校教师需求量，联合广东省残疾人联合会对全省特殊儿童少年数量进行统计，据此对特殊教育教师的需求及分布心中有数，进而制定合理规划。

其次，完善地方师范院校特殊教育教师培养机制。第一，合理规划特殊教育专业层次和招生规模。目前，广东省特殊教育专业招生层次在本科及以上，未开展专科层次的特殊教育人才培养。仅有两所高校开展特殊教育研究生的培养，总体上培养数量有限。为了满足对"影子教师"、早期干预机构康复教师的需求，部分职业院校可以适当招收特殊教育专科学历学生，满足不同类型学校对特殊教育师资的需求。此外，高校应加大研究生层次的人才培养力度，尤其是加强特殊教育专业学位研究生教育，为提高教师学历水平和解决实际问题的能力提供支撑。第二，适当增加免费定向特殊教育教师培养名额。广东省自2018年实施免费定向师范生培养政策以来，全省特别是粤东西北地区特殊教育学校的师资得到一定保障。"十四五"期间，可以适当增加订单式公费特殊教育师范生培养名额，提高特殊教育教师岗位对人才的吸引力，为全省特殊教育提供师资保障。

最后，针对特殊教育学校教师结构性缺编的问题，采取多样化的补充机制。第一，通过政府购买服务方式补充师资，既可以解决师资短缺，又可以减少财政压力，还能保证非在编教师"同工同酬"。第二，科学合理实施轮岗制度。珠三角地区与粤东西北地区教师一定程度开展轮岗交流，有利于缓解新建特殊教育学校师资不足的问题，进而提高粤东西北地区特殊教育教师专业发展水平。

二、进一步提高特殊教育学校教师补贴水平

特殊教育学校教师相对普通教师，需要付出更多的努力。特教津贴的设立，体现的是政府从政策层面对特殊教育的关心，对从业教师的尊重。"十四五"期间，制定合理的津贴标准，充分激发特殊教育学校教师工作积极性，让他们感受到"纵无桃李天下，仍有芬芳满园"。同时，全社会应形成尊重特殊儿童少年、尊重特殊教育教师的广泛共识，为特殊教育事业高质量发展营造良好的社会氛围。

三、从特殊教育学校教师需求出发创设良好的专业发展环境

第一，做好特殊教育教师专业发展需求调研。综合考量教师专业成长规律和特点及其内在驱动力，并根据教师专业发展需求科学设计职后培训体系。第二，加强教研组织建设，营造良好的教研文化氛围。特殊教育相对其他基础教育来说起步较晚，教研文化氛围的营造和教研组织的建设相对较为薄弱。在学校内部微观环境，加强教研文化建设，营造教学研究氛围，让教研活动常规化、制度化；在学校外部中观环境，以市级特殊教育资源中心为依托，统筹全市特殊教育学校教研活动的开展；在学校外部大环境，以参加全省乃至全国特殊教育教学能力比赛为平台，以赛促研，以研带赛。第三，创新教研活动的模式。采取线上线下相结合的方式开展教研，打破地区和时空的壁垒，共享教学科研成果。

附录

国务院办公厅关于转发教育部等部门"十四五"特殊教育发展提升行动计划的通知

国办发〔2021〕60号

各省、自治区、直辖市人民政府，国务院各部委、各直属机构：

教育部、国家发展改革委、民政部、财政部、人力资源社会保障部、国家卫生健康委、中国残联《"十四五"特殊教育发展提升行动计划》已经国务院同意，现转发给你们，请认真贯彻落实。

国务院办公厅

2021 年 12 月 31 日

"十四五"特殊教育发展提升行动计划

教育部　国家发展改革委　民政部　财政部

人力资源社会保障部　国家卫生健康委　中国残联

特殊教育主要是面向视力、听力、言语、肢体、智力、精神、多重残疾以及其他有特殊需要的儿童青少年提供的教育，是教育事业的重要组成部分，是建设高质量教育体系的重要内容，是衡量社会文明进步的重要标志。党中央、国务院高度重视特殊教育，党的十八大以来，国家组织实施了两期特殊教育提升计划，特殊教育普及水平、保障条件和教育质量得到显著提升，但还存在发展不平衡不充分等问题，仍是教育领域的薄弱环节。为认真贯彻党中央、国务院决策部署，推动特殊教育高质量发展，特制定本计划。

一、总体要求

（一）指导思想。以习近平新时代中国特色社会主义思想为指导，深入贯彻落实党的十九大和十九届历次全会精神，全面贯彻党的教育方针，落实立德树人根本任务，遵循特殊教育规律，以适宜融合为目标，按照拓展学段服务、推进融合教育、提升支撑能力的基本思路，加快健全特殊教育体系，不断完善特殊教育保障机制，全面提高特殊教育质量，促进残疾儿童青少年自尊、自信、自强、自立，实现最大限度的发展，切实增强残疾儿童青少年家庭福祉，努力使残疾儿童青少年成长为国家有用之才。

（二）基本原则。

——坚持政府主导、特教特办。落实政府主体责任，加强特殊教育统筹规划和条件保障，加大政策、资金、项目向特殊教育倾斜力度，在普惠政策基础上给予特别扶持，补齐发展短板。

——坚持精准施策、分类推进。根据不同地区经济发展、人口分布等情况，因地制宜，合理布局，统筹推进区域内特殊教育改革发展。针对不同类别、不同程度、不同年龄残疾儿童青少年的需要，科学评估、合理安置、分类施教。

——坚持促进公平、实现共享。切实保障残疾儿童青少年平等接受教育的权利，做到有教无类，促进他们共享发展成果，让每一名残疾儿童青少年都有人生出彩机会。

——坚持尊重差异、多元融合。尊重残疾儿童青少年身心发展特点和个体差异，做到因材施教，实现适宜发展，让残疾儿童青少年和普通儿童青少年在融合环境中相互理解尊重、共同成长进步。

（三）主要目标。到 2025 年，高质量的特殊教育体系初步建立。

——普及程度显著提高，适龄残疾儿童义务教育入学率达到 97%，非义务教育阶段残疾儿童青少年入学机会明显增加。

——教育质量全面提升，课程教材体系进一步完善，教育模式更加多样，课程教学改革不断深化，特殊教育质量评价制度基本建立。融合教育全面推进，普通教育、职业教育、医疗康复、信息技术与特殊教育进一步深度融合。

——保障机制进一步完善，继续对家庭经济困难残疾学生实行高中阶段免费教育，确保家庭经济困难残疾学生优先获得资助，逐步提高特殊教育经费保障水平。教师队伍建设进一步加强，数量充足，结构合理，专业水平进一步提升，待遇保障进一步提高。

二、拓展学段服务，加快健全特殊教育体系

（四）持续提高残疾儿童义务教育普及水平。以县级为单位健全残疾儿童招生入学联动工作机制，依据有关标准对残疾儿童身体状况、接受教育和适应学校学习生活能力进行全面规范评估，适宜安置每一名残疾儿童。压实义务教育阶段普通学校接收残疾儿童随班就读工作责任，建立健全学校随班就读工作长效机制，确保适龄残疾儿童应随尽随、就近就便优先入学。加强特殊教育学校建设，鼓励 20 万人口以上的县（市、区、旗）办好一所达到标准的特殊教育学校。残疾儿童较多且现有特殊教育学校学位不足的县（市、区、旗），要根据需要合理规划布局，满足残疾儿童入学需求。20 万人口以下的县（市、区、旗）要因地制宜合理配置特殊教育资源，鼓励在九年一贯制学校或寄宿制学校设立特教班。针对孤独症儿童教育基础相对薄弱的实际，要合理布局孤独症儿童特殊教育学校，鼓励省会城市、计划单列市及较大城市建设孤独症儿童特殊教育学校。保障儿童福利机构内具备接受教育能力的适龄残疾儿童接受中小学教育并纳入学籍管理，推动特殊教育学校在本地儿童福利机构设立特教班。健全送教上门制度，推动各省（自治区、直辖市）完善送教上门服务标准，科学认定服务对象，规范送教上门形式和内容，加强送教服务过程管理，提高送教服务工作质量，能够入校就读的残疾儿童不纳入送教上门范围。

（五）大力发展非义务教育阶段特殊教育。积极发展学前特殊教育，鼓励普通幼儿园接收具有接受普通教育能力的残疾儿童就近入园随班就读，推动特殊教育学校和有条件的儿童福利机构、残疾儿童康复机构普遍增设学前部或附设幼儿园，鼓励设置专门招收残疾儿童的特殊教育幼儿园（班），尽早为残疾儿童提供适宜的保育、教育、康复、干预服务。着力发展以职业教育为主的高中阶段特殊教育，支持普通中等职业学校和普通高中接收残疾学生随班就读。推动特殊教育学校增设职教部（班），鼓励普通中等职业学校增设特教部（班），到2025年实现每个市（地、州、盟）和有条件的县（市、区、旗）都有一个残疾人中等职教部（班），在每个省（自治区、直辖市）至少办好一所残疾人中等职业学校和盲、聋高中（部）。鼓励有条件的地区建立从幼儿园到高中全学段衔接的十五年一贯制特殊教育学校。稳步发展高等特殊教育，加强高校特殊教育学院建设，增设适合残疾学生就读的相关专业，完善残疾学生就读普通高校措施。支持普通高校、开放大学、成人高校等面向残疾人开展继续教育，畅通和完善残疾人终身学习通道。

三、推进融合教育，全面提高特殊教育质量

（六）加强普通教育和特殊教育融合。探索适应残疾儿童和普通儿童共同成长的融合教育模式，推动特殊教育学校和普通学校结对帮扶共建、集团化融合办学，创设融合教育环境，推动残疾儿童和普通儿童融合。加强校际资源共享与整合，发挥不同学校优势，推进残疾学生信息上报、教育评估、转衔安置和个别化支持等工作规范及时、科学专业。研究制定义务教育阶段融合教育教学指南，修订特殊教育学校义务教育课程设置实验方案和课程标准。到2023年完成特殊教育学校义务教育各学科课程教材编写，审定通过后的教材列入中小学教学用书目录。开展融合教育示范区示范校创建和优秀教育教学案例遴选，持续推进特殊教育改革实验区综合改革，积极开展特殊教育教师教学基本功展示交流活动。完善特殊教育办学质量评价指标体系。积极探索科学适宜的孤独症儿童培养方式，研究制定孤独症儿童教育指南，逐步建立助教陪读制度，为孤独症儿童更好融入普通学校学习生活提供支持。加大力度推广使用国家通用手语和国家通用盲文。

（七）推动职业教育和特殊教育融合。支持特殊教育学校职教部（班）和职业学校特教部（班）开设适应残疾学生学习特点和市场需求的专业，积极探索设置面向智力残疾、多重残疾和孤独症等残疾学生的专业，同步促进残疾人的康复与职业技能提升，让残疾学生有一技之长，为将来就业创业奠定基础。探索开展面向残疾学生的"学历证书+若干职业技能等级证书"制度试点，将证书培训内容有机融入专业培养方案，优化课程设置和教学内容，提高残疾学生培养的灵活性、适应性、针对性。支持各种职业教育培训机构加强残疾学生职业技能培训，积极开展残疾学生生涯规划和就业指导，切实做好残疾学生教育与就业衔接工作。对面向残疾学生开放的职业教育实习实训基地提供支持。

（八）促进医疗康复、信息技术与特殊教育融合。教育、卫生健康、民政、残联等部门和单位协同推进，加强医疗机构、妇幼保健机构、儿童福利机构、康复机构与学校合作，提高残疾学生评估鉴定、入学安置、教育教学、康复训练的针对性和有效性。实施辅助器具进校园工程，优先为义务教育阶段残疾儿童科学提供辅助器具适配及服务。鼓励有条件的地方充分应用互联网、云计算、大数据、虚拟现实和人工智能等新技术，推进特殊教育智慧校园、智慧课堂建设。推动残疾儿童青少年相关数据互通共享。开发特殊教育数字化课程教学资源，扩大优质资源覆盖面。

四、提升支撑能力，不断完善特殊教育保障机制

（九）改善特殊教育办学条件。支持特殊教育学校和普通学校资源教室配备满足残疾学生需求的教育教学、康复训练等仪器设备和图书。加强学校无障碍设施设备建设配备，为残疾学生在校学习生活提供无障碍支持服务。大力推进国家、省、市、县、校五级特殊教育资源中心建设。依托高校和科研机构建设若干个国家级特殊教育资源中心，依托现有特殊教育资源加快建设省、市、县级特殊教育资源中心，鼓励依托设在乡镇（街道）的小学和初中因地制宜建设特殊教育资源中心，逐步实现各级特殊教育资源中心全覆盖。

（十）巩固完善特殊教育经费投入机制。落实并提高义务教育阶段特殊教育学校和随班就读残疾学生生均公用经费补助标准，到2025年将义务教育阶段特殊教育生均公用经费补助标准提高至每生每年7000元以上，有条件的地区可适当提高补助水平；各地应落实学前、高中阶段生均拨款政策，继续向特殊教育倾斜。地方财政可设立特殊教育专项补助经费，加强特殊教育基础能力建设。进一步优化完善残疾学生特殊学习用品、干预训练及送教上门教师交通费补助等政策。中央财政特殊教育补助资金重点支持中西部地区特殊教育学校改善办学条件、向重度残疾儿童接受义务教育提供送教上门服务等。落实学生资助政策，确保家庭经济困难残疾学生优先获得资助。鼓励和引导社会力量兴办特殊教育学校，支持符合条件的非营利性社会福利机构向残疾人提供特殊教育，强化民办特殊教育规范管理，确保特殊教育公益属性。积极鼓励企事业单位、社会组织、公民个人捐资助学。

（十一）**加强特殊教育教师队伍建设。**适当扩大普通高校特殊教育专业招生规模，根据实际需求，优化公费师范生招生结构，倾斜支持特殊教育公费师范生培养；注重培养适应特殊教育需要、具有职业教育能力的特殊教育师资；加大特殊教育专业硕士、博士培养力度。推动师范类专业开设特殊教育课程内容，列为必修课并提高比例，纳入师范专业认证指标体系，落实教师资格考试中含有特殊教育相关内容要求。组织开展特殊教育学校和随班就读普通学校的校长、教师全员培训，将融合教育纳入普通学校教师继续教育必修内容。认真落实特殊教育教师津贴标准，保障特殊教育教师待遇，吸引优秀人才从事特殊教育事业。普通学校（幼儿园）在绩效工资分配中对直接承担残疾学生教育教学工作的教师给予适当倾斜。县级以上教研机构应配足配齐特殊教育教研员。教师职称评聘和表彰奖励向特殊教育教师倾斜。将儿童福利机构、残疾儿童康复机构等机构中依法取得相应教师资格的特殊教育教师，纳入特殊教育教师培训、职称评聘、表彰奖励范围，并按规定享受相关待遇、津贴补贴等。

五、组织实施

（十二）**加强组织领导。**加强党对特殊教育工作的全面领导，地方各级人民政府要提高政治站位，坚持人民立场，将办好特殊教育纳入重要议事日程，坚持特教特办、重点扶持，统筹安排资金，有效配置资源，确保各项目标任务落到实处。

（十三）**健全工作机制。**完善多方协调联动的特殊教育推进机制，明确教育、发展改革、民政、财政、人力资源社会保障、卫生健康、残联等部门和单位的职责，形成工作合力。加强省级、市级统筹，落实县级主体责任，加大对欠发达地区和特殊教育薄弱地区的支持力度。建立健全学校与科研、医疗、康复等机构协同的专业支撑工作机制，在全社会营造关心支持特殊教育改革发展的良好氛围。

（十四）强化督导评估。在省级人民政府履行教育职责督导评价和义务教育优质均衡发展督导评估认定中，将特殊教育改革发展情况作为重要内容。各地教育督导部门和责任督学要将特殊教育纳入督导范围。省级人民政府要加强对特殊教育发展提升行动计划实施情况的指导与督查，将落实情况纳入市县两级政府绩效考核，建立激励与问责机制，确保特殊教育发展提升行动计划有效实施。

广东省"十四五"特殊教育发展提升行动计划

省教育厅　省发展改革委　省民政厅　省财政厅
省人力资源社会保障厅　省卫生健康委　省残联

为认真贯彻落实《国务院办公厅关于转发教育部等部门"十四五"特殊教育发展提升行动计划的通知》（国办发〔2021〕60号）精神，切实保障残疾人受教育权利，促进特殊教育事业发展，结合我省实际，制定本行动计划。

一、总体目标

以习近平新时代中国特色社会主义思想为指导，深入贯彻落实党的十九大和十九届历次全会精神，全面贯彻党的教育方针，落实立德树人根本任务，遵循特殊教育规律，以适宜融合为目标，加快健全特殊教育体系，完善特殊教育保障机制，提高特殊教育质量，促进残疾儿童青少年实现最大限度的发展，努力使残疾儿童青少年成长为国家有用之才。到2025年，高质量的特殊教育体系初步建立，残疾儿童少年义务教育入学率达到

97%，珠三角和粤东西北地区持证残疾幼儿学前三年入园率分别达到90%和85%以上，高中教育阶段残疾学生入学机会明显增加。教育质量全面提升，课程教学改革不断深化，网络资源平台应用全面推进，课程教学资源体系和质量监测评价体系基本建立。融合教育全面推进，普通教育、职业教育和医疗康复、信息技术与特殊教育进一步融合。特殊教育教师队伍建设进一步加强，专业水平进一步提升，办学条件全面改善，积极推动残疾学生15年免费教育，保障机制进一步完善。

二、健全特殊教育体系

（一）持续提升残疾儿童少年义务教育普及水平。坚持"全覆盖、零拒绝"原则，巩固完善以随班就读为主体、以特殊教育学校为骨干、以送教上门为补充的安置模式，确保"应入尽入"，适宜安排每一名残疾儿童。建立健全残疾儿童招生入学联动机制，完善信息上报、入学评估与转介安置工作机制，规范优化残疾儿童少年入学评估与转介安置流程。建立健全学校随班就读工作长效机制，压实普通学校主体责任，确保适龄残疾儿童少年应随尽随、就近就便入学。建立送教上门动态评估机制，切实提高送教上门服务质量，合理控制送教上门安置学生人数和比例，到2025年，将义务教育阶段接受送教服务的残疾儿童比例控制到适龄残疾学生总数的10%以内。严格落实"控辍保学"要求，确保残疾儿童少年完成九年义务教育。

（二）大力发展非义务教育阶段特殊教育。提高学前儿童入学率，鼓励和支持普通幼儿园接收残疾儿童，推动特殊教育学校和有条件的儿童福利机构、残疾儿童康复机构普遍增设学前部或附设幼儿园。开展"随班就读示范园行动"，对招收学前残疾儿童入读的幼儿园给予政策支持和经费补助。加快制定特殊教育幼儿园设置标准、特殊教育学前部（班）设置标准。大力发展以职业教育为主的高中阶段特殊教育，地市特殊教育学校和县（市、区）有条件的特殊教育学校应举办残疾人高中阶段教育，普通高中和中等职业学校（含技工学校）通过随班就读和特教班等形式扩大招收残疾学生规模。重点支持有条件的高职院校招收残疾学生，支持有条件的高中阶段学校与高职院校联合举办残疾人大专班。探索残疾人单考单招工作，增加残疾人进入普通高校就读机会。鼓励普通高校增设适合残疾人学习的专业，杜绝以身体残疾、资源支持不足等理由拒收残疾学生。支持普通高校、开放大学和成人高校面向残疾人开展继续教育，逐步拓宽残疾人终身学习通道。

（三）逐步扩展特殊教育服务对象。各地应将学习障碍、情绪与行为障碍等特殊教育需要儿童纳入特殊教育服务范围，参照随班就读学生标准提供各类支持资源。研究制定特殊教育需要儿童学习发展指南，通过巡回指导等形式提供融合教育支持。合理布局孤独症儿童特殊教育学校，支持各地试点建设孤独症儿童特殊教育学校（部）。加强孤独症儿童教育研究，积极开发孤独症儿童教育教学资源，努力满足其就学需求。逐步建立助教陪读制度，为特殊教育需要儿童接受高质量教育提供专业支持。

三、推进融合教育发展

（四）加强普通教育与特殊教育双向融合。鼓励和支持特殊教育学校与普通学校、幼儿园开展集团化办学，把普特融合办学纳入集团化办学试点与实验，探索适宜有效的融合教育模式。大力推动特殊教育学校向特殊教育资源（指导）中心转型发展，依托随班就读示范学校建设融合教育资源中心。加强普特校际资源共享，深化融合教育师资联合培训、教育教学改革与教研科研协作。建立健全特殊教育需要儿童综合素质评价办法与考试评价体系，尽快出台《随班就读课程教学指南》和《随班就读学生日常教学评价指导意见》。通过政府购买服务，支持普通学校开展融合教育工作，为随班就读的残疾儿童少年提供特殊教育支持服务。持续推进随班就读示范区、示范校（园）项目建设。深化粤港澳大湾区特殊教育交流与协作，推动大湾区特殊教育学校结成"姊妹学校"，继续办好"粤港澳融合教育论坛"。加大力度推广使用国家通用手语和国家通用盲文。

（五）推动职业教育与特殊教育相互融通。支持有条件的特殊教育学校和职业学校合理设置适合残疾学生学习特点和市场需求的专业。依托中等职业学校（含技工学校）和高职院校设置职业教育融合资源中心，加强特殊职业教育课程建设和教学资源开发。推进残疾人职业教育基础建设，招收残疾学生的职业院校应实施无障碍环境改造。利用现有职业教育实训基地资源，建设特殊教育资源教室。鼓励高职院校与特殊教育中等职业学校（或中职部）探索"三二分段"培养模式。加强残疾学生就业指导与援助，探索开展面向残疾学生"学历证书+若干职业技能等级证书"制度试点，积极帮助毕业生实现充分就业。

（六）促进医疗康复、信息技术与特殊教育融合。建立政府主导下的教育、卫生健康、民政、残联等多部门联动机制，建立跨部门共享的残疾儿童少年信息平台，构建残疾儿童少年协同服务和动态追踪机制。落实"辅助器具进校园工程"，优先为义务教育阶段残疾儿童少年免费提供辅助器具适配与相关服务。开展7—17岁残疾儿童少年"送康服务"，为残疾儿童少年接受教育打好基础。建设广覆盖、多层次的数字化特殊教育课程与教学资源平台，实现课程教学资源共享。充分满足残疾学生的个性化教育需求，为残疾儿童少年建立个人终身电子学习档案。推进特殊教育"智慧校园"和"智慧课堂"建设，把教育信息化应用纳入特殊教育示范区和示范校遴选条件与建设要求。

四、不断完善特殊教育保障机制

（七）加大财政教育投入力度。各地要把特殊教育纳入发展规划，加大特殊教育经费投入力度。市县落实主体责任，统筹使用省级基础教育高质量发展奖补资金、特殊教育补助中央资金等上级转移支付资金和本级资金，支持新建、改建和扩建特殊教育学校，确保全面达到标准化建设要求。进一步提高义务教育阶段特殊教育生均公用经费标准，并向学前和高中阶段两头延伸。到2025年，义务教育阶段特殊教育生均公用经费补助标准提高至每生每年7000元以上，有条件的地区可适当提高补助水平，学前和高中阶段特殊教育生均拨款制度进一步健全。进一步提高特殊教育教师工资待遇，认真落实国家和省关于特殊教育教师工资待遇倾斜政策，结合实际适当核增绩效工资总量，保障特殊教育教师按政策享受相关待遇、津贴补贴等。

（八）保障特殊教育学位供给。支持有条件的地区建设从幼儿园到高中全学段衔接的15年特殊教育学校。东莞市和中山市至少建成2所以上符合国家标准的义务教育阶段综合性公办特殊教育学校。实现20万人口以上的县（市、区）建有 1 所以上标准化特殊教育学校，每个地级以上市及有条件的县（市、区）建有 1 个残疾人中等职业教育部（班）。鼓励 20 万人口以上的县（市、区）建有 1 所专门的残疾儿童学前教育机构，推动随班就读和送教上门特殊学生人数较多的乡镇设立特教班，鼓励在九年一贯制学校或寄宿制学校设立特教班。经报当地教育行政部门审批，儿童福利机构可以开展特殊教育办学，并纳入公用经费保障。鼓励社会力量兴办特殊教育学校，强化民办特殊教育规范管理，确保特殊教育公益属性。积极支持鼓励企事业单位、社会组织、公民个人捐资助学。

（九）改善特殊教育办学条件。依托现有特殊教育资源，健全省、市、县、校四级特殊教育资源（指导）中心体系，依托设在乡镇（街道）的小学和初中因地制宜建设特殊教育资源（指导）中心，逐步实现各级特殊教育资源（指导）中心全覆盖。支持特殊教育学校和招收残疾学生 5 人以上的普通学校全面建成资源教室，足额配备专职资源教师。推动各地特殊教育资源（指导）中心加强人员队伍建设，各级特殊教育资源（指导）中心依托现有资源配备专兼职人员。持续推进特殊教育学校标准化建设，加强普通学校"无障碍校园"建设。开展"组团式帮扶"，通过市县组团、学校结对和教科研拉动等措施，着力提升粤东西北地区特殊教育发展水平。

（十）优化特殊教育师资队伍。继续做好粤东西北地区本科生地方专项招生与培养，调整优化公费定向培养特殊教育专业本科生招生计划，扩大特殊教育专业学位研究生招生规模。严格落实我省特殊教育学校教职员编制标准，为特殊教育学校、特教班配齐配足教职工，加强特殊教育资源（指导）中心巡回指导教师、康复医生、康复治疗师、康复训练人员及其他专业技术人员的配备，为招收残疾学生的普通学校配备专兼职资源教师，建立专职资源教师县域内统筹调配机制。儿童福利机构、残疾儿童康复机构等机构中依法取得相应教师资格的特殊教育教师，纳入特殊教育教师培训、职称评聘、表彰奖励范围。搭建特殊教育教师交流与展示平台，继续办好中小学青年教师教学能力大赛特殊教育组比赛。

（十一）提升特殊教育课程与教学质量。落实三类特殊教育学校义务教育课程设置方案和课程标准要求，推进特殊教育学校国家课程校本化实施。探索开发特色化特殊教育地方课程，鼓励学校开展校本课程与教学资源建设，构建校本特色课程体系，建成 50 门以上精品课程和 100 个以上优质教育资源，培育一批课程创新共同体，打造一批优质教学资源库。推动普通教育学校调整课程与教学安排，为随班就读学生提供适宜的学习资源。健全省、市、县、校四级教科研体系，省、地级以上市教研机构配备 1 名以上专职特殊教育教研员，县级教研机构配备 1 名以上专职或兼职特殊教育教研员，建立健全特约教研员制度。加强特殊教育教科研队伍专业化建设，提高教研员教育教学研究水平与课程教学领导力。

（十二）**开展特殊教育质量监测与评价。**坚持立德树人根本任务，探索构建市、县、校三级特殊教育质量监测体系，编制市、县、校三类特殊教育质量监测方案。开展各市县特殊教育质量监测工作试点，在质量监测指标体系中纳入过程性评价和增值性评价内容，把质量监测、教育评价与质量提升相结合，定期反馈质量监测结果，形成特殊教育质量评估意见与改进建议。积极研制特殊教育学校、随班就读和送教上门质量测评办法，进一步保障特殊教育和送教服务质量。

五、组织实施

（十三）**加强组织领导。**加强党对特殊教育事业的全面领导，落实各级政府责任，高度重视特殊教育提升发展工作。把特殊教育纳入重要议事日程，出台地方"十四五"特殊教育提升行动计划，本着"特教特办、重点扶持"的原则，加大统筹力度，倾斜配置相关资源，确保各项目标任务落到实处。

（十四）**健全工作机制。**落实研究基础教育必须研究特殊教育工作制度，通过乡镇（街道）、村（居）委会和社区，依托残联等部门开设的托养中心等机构，探索为残疾学生提供集中照护、日间照料、课后托管、社区康复、就学升学和辅助性就业等方面的服务与便利。

（十五）**强化督导评估。**强化特殊教育常态化督导与评估，把特殊教育发展作为必检内容，纳入县域义务教育优质均衡县督导评估和市县级政府履行教育职责评价中。省适时对各地特殊教育发展提升行动计划实施情况进行检查、监测和评估。

（十六）**广泛宣传引导**。动员社会各界，加强特殊教育宣传。大力宣传普及特殊教育知识和方法，为普通学校和家长提供科学指导和专业咨询服务。广泛宣传特殊教育改革发展成就和优秀典型事迹，引导学生和家长充分认识特殊教育对促进残疾儿童青少年成长和终身发展的重要作用，在全社会营造关心支持特殊教育改革发展的良好氛围。

参考文献

［1］王滔，武海栋．职业压力对特殊教育教师离职意向的影响：一个有调节的中介模型［J］．中国特殊教育，2017，199（1）：12—18．

［2］王雁．中国特殊教育教师发展报告2018［M］.北京：北京师范大学出版社，2020．

［3］唐佳益，王雁．近五年国际特殊教育教师研究热点及内容分析［J］.中国特殊教育，2021，255（9）：73—81．

［4］张珂．支持性小组介入特殊教育教师职业倦怠缓解的研究［D］.青岛：青岛理工大学，2022．

［5］陈立，杨鹃．职业认同与特殊教育教师离职倾向、工作满意度的关系研究［J］.中国特殊教育，2017，200（2）：25—30．

［6］李凤英，郭俊峰，沈光银，等．广东省特殊教育学校师资建设现状及对策研究［J］.中国特殊教育，2010，115（1）：64—68．

［7］俞国良，辛涛，申继亮．教师教学效能感：结构与影响因素的研究［J］.心理学报．1995，27（2）：195—166．

［8］柴江，王军．特殊教育教师职业认同与工作满意度的调查研究［J］.中国特殊教育，2014（11）：8—14．

［9］王沛，陈淑娟．教师从教质量标准——教师工作胜任特征及其模型建构理论［J］.上海师范大学学报（哲学社会科学版），2008，37（5）：99—104．

［10］王姣艳，王雁．特殊教育教师的职业认同调查研究［J］.教育学报，

2012, 8 (1)：90—96..

[11] 陈立，杨鹃．职业认同与特殊教育教师离职倾向，工作满意度的关系研究［J］.中国特殊教育，2017 (2)：25—30.

[12] 赵小云，薛桂英，徐丽丽．特殊教育教师的学校支持感，职业使命感与工作满意度的关系［J］.贵州师范大学学报（自然科学版），2019，37 (2)：109—113.

[13] 徐云，姚晶，金晨霞．特殊教育教师职业承诺，职业满意度与职业倦怠的关系［J］.中国临床心理学，2019，27 (4)：825—828, 776.

[14] 马芳．陕西省特殊教育教师职业倦怠现状的调查研究［J］.绥化学院学报，2011，31 (2)：5—7.

[15] 刘佰桥，赵华兰．黑龙江省特殊教育教师职业倦怠状况及原因分析［J］.绥化学院学报，2015，35 (4)：15—18.

[16] 李清，李瑜，张旭东．中小学教师工作压力对心理生活质量的影响：心理弹性、自尊的中介作用［J］.中国健康心理学，2021，29 (2)：217—230.

[17] 闫艳，谢笑春，盖笑松，等．中国大中学生的罗森伯格自尊量表测评结果［J］.中国心理卫生，2021，35 (10)：863—868.

[18] 周正，韩悦．特殊教育教师一般自我效能感现状及其与核心自我评价的关系［J］.教师教育研究，2014，26 (03)：55—60.

[19] 胡象岭，田春凤，孙方尽．中文版一般自我效能量表的信度和效度检验［J］.心理学探新，2014，34 (1)：53—56.

[20] 杨鹃．四川省特殊教育教师教育科研现状及对策研究［J］.绥化学院学报，2016，36 (4)：111—115.

[21] 陈绪嫔．特殊教育学校教师科研素养的现状研究——基于广州、佛山、汕头三市的调查［J］.现代特殊教育（高等教育），2018 (10)：30.

[22] 冯维，刘琴，李秋燕．特殊教育教师的科研积极性及其影响因素的调查研究［J］.教师教育学报，2017，4 (4)：23—30.

[23] 杨广学，杨福义，等．中国特殊教育教师专业发展状况调查与政策分析报告［M］.上海：华东师范大学出版社，2014.

［24］徐瑾劼，朱雁．面向未来的领导力：校长的专业准备与发展——基于
TALIS 2018 上海数据结果的发现与启示［J］．全球教育展望，2019，
48（9）：101—113.

［25］杨福义．我国特殊教育学校教师教育效能感的调查与分析［J］．全
球教育展望，2019，48（2）：118—128.

［26］COHEN J. Set correlation and contingency tables［J］. Applied psycholog-
ical measurement，1988，12（4）：425—434.

［27］ANISHA B，MELVIN C L. Work life balance and job satisfaction：A re-
view of literature［J］. Manthan：journal of commerce and management，
2020，7（2）：108—116.